KB170343

쿨하게 생존하라

35–45세 직장인이 놓치면 후회할
서바이벌 키트 6

김호 지음

은령,

가장 중요한 서바이벌 키트에게.

✖

"삶의 목적은 극대화가 아니다.
우리를 살아가게 하는 힘은
가득 찬 항아리가 아니라 그 속의 여백에 있다.
A+가 아니라 일과 여가, 가족 등 요소들이 균형 잡힌
B+의 삶을 지향하라."

- 하워드 스티븐슨[1]

이 말을 책에 써도 될지 고민했습니다. 첫 마디를 이렇게 시작하는 것은 더더욱 고민했습니다. 이 책은 저도 살면서 잘 지키지 못하는 '서바이벌 키트'에 대한 것입니다. "음, 저자는 좋은 서바이벌 키트를 갖고 잘 살아가고 있나보군!"이라고 생각하시는 독자

분들께 고백하자면 잘 살아가려고 힘겹게 애쓰고 있다, 이렇게 말씀드릴 수 있습니다.

저는 주로 기업의 CEO나 임원들을 대상으로 커뮤니케이션 컨설팅을 합니다. 특히 조직의 위기관리 커뮤니케이션 분야를 전문으로 삼고 있지요. 이런 제가 개인의 서바이벌 키트에 대해서 고민하게 된 건 어떤 분이 지나가듯 한 말 때문입니다. 한 십 년 정도 되었을까요. 세미나에서 위기관리를 주제로 발표하고 뒷정리를 하는데, 저보다 나이가 많아 보이는 참석자 분께서 말을 건네시더라고요. "김 대표, 개인의 위기관리는 컨설팅 안 하시나요? 오늘 배운 내용 중에서 개인에게도 적용할 수 있는 부분이 많을 것 같은데……." 그 자리에서는 "네, 기업만 컨설팅하고 개인 위기관리는 다루지 않습니다"라고 답했습니다만, 그분의 이야기가 제 머리 한 구석에 말풍선처럼 늘 떠다녔습니다.

30대 중반에 이 말을 들은 뒤로, 가끔씩 개인 위기관리 컨설팅이 필요한 사람은 누구일까, 생각해보았습니다. 마흔을 앞두고 서야 깨달았습니다. 그게 바로 저라는 것을!

저의 30대를 돌아보면 직업적으로는 상당히 괜찮은 커리어를 일구었습니다. 세계 3대 홍보 · 커뮤니케이션 컨설팅사 가운데 한 곳에서 인턴부터 시작해서 36세에 한국 지사 사장을 했으니까요. 삼 년간 매년 매출 기록을 갱신하며 최선을 다했고, 마흔이 되던 해에는 독립해서 제 회사를 차렸습니다. 네, 맞아요. 여기까지만 보면 제 자랑입니다. 비교적 일찍 직업적으로 성공했으니까요. 그런데 성공하면 다 좋을까요? 안타깝게도 저는 그렇지 않았습니다. 커리어가 잘 풀릴 때, 한쪽에서는 허전함과 혼돈이 한꺼번에 몰려왔습니다. 일중독자이던 저는, 일에 있어서는 무슨 이야기든 할 수 있었지만 "취미가 무엇인가?"라는 간단한 질문에는 답할 수 없었습니다. 남들에게 "성공했네"라는 말을 들었지만 "지금 행복한가?"를 생각해보면 답답했습니다. 주말에도 쉬지 않고 하루에 최소 열두 시간을 일하면서 보낸 30대가 끝나갈 때, 제게 남은 것은 그럴듯한 명함에 새겨진 글로벌 컨설팅사의 로고와 대표라는 타이틀, 높은 연봉이었습니다. 집은 잠을 자는 곳이었고, 주말은 사무실에서 밀린 일을 하는 시간이었으며, 저녁은 시간대가 다른 해외 오피스와 전화 회의를 하거나 고객들과 미팅을 하는 시간이었습니다. 가족과 친구보다 직장이 늘 우선이었고, 무엇보다 나 자신은 점점 껍데기만 남았습니다. 명함은 있는데, 정작 나는 없다고 해야 할까요? 모든 외적 조건에도 불구하고 "호야, 너 행복하니?"라는 스스로의 질문에 저는 답을 못했습니다. 행복하지 않았으니까요. 30대의 저는 직업적으로 성공했지만, 그게 곧 삶의 성공은 아니었습니다.

그즈음 저는 이런 의문이 들었습니다.

"내가 지금 삶에서 놓치고 있는 것은 무엇일까?"

"과연 지금과 같은 방식으로 앞으로도 계속 살아갈 수 있을까?"

결국 저는 30대 후반부터 도움을 받기로 했습니다. 제 이야기를 잘 들어주고 비밀을 지키면서도, 지혜롭게 조언해줄 수 있는 호주의 나이 지긋한 코치로부터 삼 년간 코칭을 받았습니다. 캐나다 할리팩스에서 열린 참선과 리더십을 가르치는 캠프에도 참여해보고, 전 세계를 다니며 다양한 사람들과 만나 가르침을 받았습니다. 그동안 기업 컨설팅에만 적용하던 것들 중에서 삶의 위기를 극복하기 위해 활용할 수 있는 것들이 무엇인지 시간을 들여 정리했습니다.

그때만 해도 제가 하는 개인 차원의 위기관리를 뭐라 딱 정의하지 못했습니다. 그러다 2009년부터 2011년까지 〈1/n〉이라는 잡지에 칼럼을 연재하다 '서바이벌 키트'라는 주제와 만났습니다. 눈이 번쩍 뜨였습니다. 이때부터 저는 제가 해오던 작업을 삶의 서바이벌 키트를 만드는 것이라고 정의를 내렸습니다. 이후 경제연구소와 학교에서 관련 세미나 요청을 받았을 때, '서바이벌 키트'라는 제목으로 삶에서 우리가 갖추어야 할 것에 대해 이야기를 나누었습니다. SBS 라디오 〈책하고 놀자〉의 서평 코너에도 '김호의 서바이벌 키트'라는 이름을 달고 출연했습니다. 책으로부터 얻을 수 있는 삶의 서바이벌 키트에 대해 이야기했지요. 사람들을 만나서도 기회가 될 때마다 "당신 삶의 서바이벌 키트는 무엇입니까?"라는 질문을 난데없이 던지기도 했습니다(그동안 저의 엉뚱한 질문에 정성껏 답변해주셨던 모든 분들께 감사드립니다).

몇 년 전 어느 날, 푸른숲 출판사로부터 서바이벌 키트라는 주제로 책을 써보자는 제안을 받았습니다. 그때부터 삼 년에 걸쳐 그동안 탐구한 삶의 서바이벌 키트를 정리했고 신문이나 잡지에 기회가 될 때마다 기고했습니다. 십 년 전쯤 한 청중의 질문에서 시작한 이 작업은 마침내 여섯 가지의 서바이벌 키트(직업, 경험, 관계, 배드 뉴스, 역사, 균형)로 정리가 되었습니다. 서바이벌 키트는 삶에서 중요한 의사결정을 할 때 큰 도움을 줍니다. 저의 30대처럼 열심히 일했지만, 삶의 방향을 잃어버리고 방황할 때 그 상황을 극복하기 위한 든든한 지침이 된다는 것은 확실하게 말씀드릴 수 있습니다. 즉 서바이벌 키트는 나침반입니다. 직장을 계속 다녀야 할지, 일하는 업종을 바꿔야 할지, 창업을 해야 할지, 배우자나 친구, 사회에서 만나는 사람들 사이에서 어떻게 균형을 잡아야 할지, 힘든 일이 생겼을 때 어떻게 받아들이고 극복해야 할지 혼란스러울 때 훌륭한 길잡이가 됩니다.

이 책을 읽으면서 여러분도 자신만의 서바이벌 키트를 만들어보셨으면 합니다. 제가 제시하는 여섯 가지 서바이벌 키트 중에 "아, 이건 내게 정말 필요한 것이군!" 하는 것도 있을 테고, "음, 이 부분은 내가 비교적 잘 갖추고 있군!" 하는 것도 있을 것입니다. 이 책을 통해 나만의 서바이벌 키트를 정리해보고, 또 되돌아보는 시간이 되었으면 합니다. 프롤로그와 마음에 드는 서바이벌 키트만 골라 읽고, 바로 자신만의 키트를 만드셔도 좋습니다. 제 생각이 중요한 것이 아니라 바로 여러분 자신의 생각, 자신의 키트가 가장 중요합니다. 저는 그야말로 이 책이 늘 여러분 옆에 있는 가이드가 되었으면 합니다.

✖✖

"무엇을 위해 아침에 일어나는가?"

- 조앤 치티스터[2]

"나는 크게 성공하진 못할 것 같아……."

마흔다섯에서 마흔여섯으로 넘어가는 2013년 12월 말 아내에게 고백했습니다. '큰 성공'의 정의는 저마다 다르겠지만, 앞으로 제가 길거리에서 사람들이 알아볼 정도로 유명해지거나 엄청난 돈을 만지는 일이 벌어지지는 않을 것입니다. 제 자신에 대해 비교적 오랫동안 되돌아본 끝에 솔직하게 내린 결론입니다. 40대면 아직 한창때이긴 하지만, 이 정도 나이가 되면 적어도 자신의 한계가 무엇인지는 파악이 가능하니까요.

어쩌면 저는 크게 성공하길 원치 않는지도 모릅니다……. 이 또한 솔직한 심정인데, 좀 더 정확하게 말하면 저는 크게 성공하기 위해서 "엄청난 노력을 기울이길" 원하지 않습니다. 이것도 나이를 먹고 나서야 깨달았습니다. 직업적으로 크게 성공하거나, 크게 성공하기 위해 너무 많은 노력을 기울이면 자연스럽게 삶에서 행복의 공간이 줄어든다는 사실. 제가 알게 된 중요한 삶의 공식이죠. 제가 펼칠 수 있는 삶의 총량을 알았다고나 할까요. 직업적으로 큰 성취를 이뤘지만, 삶이 불행하다면 결국은 불행한 겁니다. 물론 직업적으로 크게 실패했는데 삶이 행복한 경우도 거의 없습니다. 더 억울한 것은 직업적 성취를 위해 노력하는 과정에서 점점 불행해지는 경우입니다. 성공도 아니고 행복도 아니고……. 주변에서 흔히 볼 수 있지요. 임원이 되기 위해 노력했지만 되지도 못하고 은퇴하거나 회사에서 밀려날 때까지 저녁이 없는 삶을 사는 것 말입니다.

"살면서 피크(peak)를 만드는 게 아니다." 2012년 이어령 선생이 한창 잘나가던 전 명지대 교수 김정운 소장에게 했다는 말입니다. 김정운 소장은 그 후 한국에서의 활동을 접고 일본에서 미술을 배우며 지내기로 했고, 잘 다니던 대학의 교수직도 그만두었습니다.[3] 피크를 만들지 말라는 이야기는 정상만 바라보며 치닫다 보면 어느 순간 추락하며 내려오는 인생만 있을 뿐이라는 뜻이지요. 물론 김정운 소장 정도로 유명해지고 성공한 사람은 극소수입니다.

직장인에게 피크란 임원이 되는 것이나 억대 연봉을 받는 것이라 한다면, 대부분의 직장인은 피크는커녕 그 근처에도 못 갑니다. 산 정상에 비유한다면 산 중턱이나 그 이하 정도에 이르는 데 그치죠. 그런데 더 억울한 것은 산중턱에서 직장을 떠나는 순간 급격히 하산 길로 접어든다는 점입니다. 대다수의 직장인들은 임원이 되거나 억대 연봉을 만져보지도 못한 채 40대, 잘해야 50대 초반 직장을 떠나 내리막길을 걷습니다. 계속 오르진 못하더라도 둘레길이라도 천천히 즐기며 내려올 수 있으면 좋을 텐데 말이지요.

이쯤에서 피크, 즉 성공의 속성에 대해서 한번 살펴보겠습니다. 성공의 가장 큰 특성은 희귀성입니다. 누구나 원하는 것이 성공이지만, 결과적으로 성공하는 이들은 언제나 극소수입니다. 앞서 말했던 억대 연봉, 이걸 받는 사람은 도대체 우리나라에서 몇 명이나 될까요? 국세청이 발표한 '2019년 국세통계연보'에 따르면 우리나라 전체 연말정산 대상 근로자 1,800여만 명 중 총 급여액이 1억 원이 넘는 사람은 80만 명이 조금 넘습니다. 100명 중 4명(4.3퍼센트)꼴입니다.[4] 임원으로 승진하는 사람은 얼마나 될까요? 한국경영자총협회(경총)가 발표한 '2014년 승진·승급관리 실태조사'에 따르면 대졸 신입사원이 임원이 될 확률은 1,000명 중 7.4명으로 0.74퍼센트에 그칩니다. 대기업은 더 낮아서 0.47퍼센트입니다. 대기업에서는 1,000명 중 5명도 안 된다는 이야기입니다. 더군다나 신입사원이 임원이 되는 비율은 십 년 전인 2005년 대비 절반 정도로 낮아졌습니다.[5] 직장인의 입장에서 좁은 의미의 성공을 위와 같이 살펴보았는데, 정말 희귀하다는 것을 체감할 수 있을 겁니다. 다른 기준으로도 성공을 판단할 수 있겠지만, 어쨌든 성공한 사람들은 나머지 평범한 다수의 관심과 부러움, 혹은 질투의 대상이 됩니다. 어떤 측면에서건 성공했다는 말을 들으려면 그 분야에서 소수만이 할 수 있는 일을 했을 때라야 합니다.

성공의 또 다른 특징은 비(非)지속성입니다. '열흘 동안 붉은 꽃은 없다'라는 뜻의 화무십일홍(花無十日紅)이란 말이 있듯이, 성공은 단기 이벤트적인 성격이 있습니다. 공부를 잘하던 친구가 꼭 성공하는 것도 아니고, 한때 잘나가던 친구가 계속 잘나가는 것도 아닙니다. 경총에 따르면 국내 기업에서 대졸 신입사원이 임원이 되기까지의 평균 기간은 21.2년이며, 앞으로 이 기간이 더욱 늘어나리라 예측했습니다. 그렇다면 기업의 꽃이라는 임원직에 얼마나 머무를 수 있을까요? 컨설팅사인 아인스파트너가 국내 100대 기업 임원 현황을 조사한 결과, 평균 임원 재직 기간은 4.4년에 불과했습니다. 십 년 이상 장수하는 임원은 겨우 6.2퍼센트에 지나지 않습니다.[6] 물론 한 직장에서 임원으로 있던 사람이 직장을 옮겨 다니며 임원으로 계속 일하는 경우도 있지만 역시 극소수이지요. 한 언론과의 인터뷰에서 대기업 임원 두 사람이 밝힌 말에서 '화무십일홍'의 현실을 그대로 느낄 수 있습니다. "직장인의 별이라는 임원이 되고서도 기뻐할 겨를 없이 그저 앞만 보고 달렸는데 막상 떠날 날이 다가와 문을 나서니 서 있을 힘도 없었다." "1퍼센트의 경쟁률을 뚫고 40대 후반에 임원이 됐을 땐 세상을 다가진 것 같았는데 막상 옷을 벗고 나니 50대 초반이란 나이가 부담스러웠다. 뭐든 해야 할 나이에 퇴직할 줄은 꿈에도 몰랐다."[7]

물론 성공의 비지속성이 꼭 나쁜 것만은 아닙니다. 성공이 지속적이라면, 평생 성공을 경험해보지 못한 사람들이 이 세상에 넘쳐났을 테니까요. 비지속성 덕분에 한 사람이 평생 동안 성공을 독점하는 일은 잘 일어나지 않습니다. 20대 때 잘나가는 친구가 있는가 하면 40대가 되어 잘나가는 친구도 있습니다.

특정 시점을 기준으로 놓고 볼 때, 성공은 늘 소수에게만 돌아간다는 희귀성 그리고 어느 누구도 성공을 평생 동안 독점하기 힘들다는 비지속성으로 인해 우리는 때로 삶이 덧없다고 느끼기도 합니다. 좋은 때는 한때이기 때문이지요. 그러나 바꿔서 생각하면 실패도 한때입니다.

이쯤에서 이 책이 어떤 분들을 위한 것인지 말씀드리겠습니다. 이 책이 모든 사람을 위한 책은 아닙니다. '일 못하는 사람', '게으른 사람', 그리고 '20대'. 먼저 이 세 부류는 빼고 이야기를 시작해야 할 듯합니다.

일 못하는 사람들에게 '당신도 성공할 수 있습니다!'라고 말할 자신이 없습니다. 재벌가 자녀거나 상당한 '빽'이 있는 경우가 아니라면 일 못하는 사람이 성공할 수 있는 방법은 없기 때문입니다. 일 못하는 사람이 누구냐고요? 강의 못하는 선생님, 논문 못 쓰는 연구원, 취재 못 하는 기자, 글 못 쓰는 작가, 음식 못하는 주방장, 디자인 잘 못하는 디자이너, 꼼꼼하지 못한 비서, 보고서 제대로 못 쓰는 기획부서 직원……. 이런 분들은 당장 관련 학교나

학원에 가거나 전문가를 찾아가 자기 일의 가장 기본이 되는 능력을 키우고 챙겨야 합니다. 이분들에게는 그것이 가장 급하고 중요한 서바이벌 키트입니다.

일을 열심히 하지 않는 사람도 빼야겠습니다. 열심히 하지도 않으면서 '난 성공 못해서 억울해'라고 말한다면 너무 뻔뻔한 일이지요. 밥 먹지 않고 배부를 수 없듯, 일 열심히 하지 않고 성공할 수는 없습니다. 이런 분들은 우선 말콤 글래드웰의《아웃라이어》부터 읽어봐야 합니다. 아니면 인터넷에서 '1만 시간의 법칙'을 찾아서 읽어봐도 좋습니다. 말콤 글래드웰은 "최고 중의 최고는 그냥 열심히 하는 게 아니라 훨씬, 훨씬 더 열심히 한다"[8]라고 했습니다. 하루 세 시간씩 십 년 동안 연습해서 1만 시간을 채워야 비로소 괜찮은 성공을 이룰 수 있다는 뜻입니다. 자신만의 분야를 선택해서 5천 시간이든 1만 시간이든 집중하는 기간은 성공을 위해 반드시 필요합니다.

20대뿐 아니라 어쩌면 30대 초반도 이 책의 독자로는 어울리지 않습니다. 이때는 정신없이 신나게 일하며 다양한 경험과 실수를 해야 할 시기입니다. 삶을 돌아보기에는 너무 이르지요. 반면 50대라면 삶을 되돌아보고 무엇을 시작하기에는 현실적으로 늦을 수 있습니다. 60~70대에도 새롭게 무엇인가를 시작하는 사람이 있지만, 그것은 예외적인 경우이며 그 정도 열정과 능력을 가진 사람은 다른 사람의 조언이나 이런 책이 굳이 필요 없습니다.

결론적으로 이 책은 일을 '어느 정도' 하며, 자기 삶을 개선하고자 하는 의지도 '어느 정도' 있는, 35세에서 45세의 독자를 위한 책입니다. 왜 35~45세인지는 바로 이어질 1장에서 상세하게 설명을 드리겠습니다.

참고로 서바이벌 키트에서 건강과 돈은 제외시켰습니다. 건강한 몸과 정신을 가져야 한다는 것은 생존하는 데 너무나 당연한 전제이기 때문입니다. 돈 역시 중요한 서바이벌 키트입니다. 돈을 어떻게 벌어야 할지에 대해서 직접적으로 다루지 않았으나, 결국 1장에서 소개할 직업과 돈은 밀접하게 연관되어 있습니다.

자, 이제 따뜻한 차 한 잔을 따라 편한 의자에 앉으시기 바랍니다. 독서를 방해하지 않을 정도의 조용한 음악을 틀어놓는 것도 좋겠네요. 생각이 날 때마다 귀퉁이에 메모할 연필 한 자루도 준비하시면 좋겠습니다. 이제 여섯 가지 서바이벌 키트를 통해 나의 현재와 과거, 미래로의 여행을 시작해보시길 바랍니다. 첫 번째 키트는 일에 대한 것입니다.

차 례

Survival Kit 1

직업

work

직장 다닌다고
직업 생기지 않는다

"직장인은 죽었다."

- 구본형

"사기업 직장인의 운명에 '명예로운 은퇴'란 없다."

- 회사원 '김준', 에세이스트[9]

"우리는 잘못된 판단에 근거해 일자리를 구한 다음
거기에 그냥 안주한다.
좋아하는 일을 하면서 살 수 있으리라 기대하는 건
비현실적이라는 생각을 받아들이기 시작한다."

- 클레이튼 크리스텐슨[10]

직장을 떠나는 사람들의 세 가지 유형

부장을 끝으로 회사를 퇴직한 A 씨는 모처럼 아내와 해외여행을 떠났습니다. 돌아오는 비행기 안에서 입국카드를 쓰다가 직업란에서 머뭇거렸습니다. 뭐라고 쓸까 고민하다가 결국 무직이라고 적으며 씁쓸한 현실을 되새겼습니다. 자신의 처지는 물론 알고 있었으나, 막상 '무직'이라는 확인 도장을 받는 기분은 참담했습니다.

50세 전후에 직장에서 나왔다고 상상해보지요. 주위에서 "무슨 일을 하십니까?"라고 물으면 뭐라고 답할까요. 은퇴했다거나 무직이라고 대답하겠지요. 그런데 이게 맞는 말일까요? 직장이 있으면 직업이 있고, 직장이 없으면 직업이 없는 걸까요? 흔히 직장과 직업을 혼동하지만, 둘은 엄밀히 다릅니다. 우선 개념에 차이가 있습니다. 직장이란 영어로 오피스, 즉 일하는 장소를 가리킵니다. 직업은 영어로 커리어 혹은 프로페션이며, 이는 자신이 가진 기술을 바탕으로 한 업을 가리키지요. 이처럼 직장과 직업은 밀접한 연관성이 있지만 전혀 다른 개념입니다.

좀 더 확실하게 구분 짓기 위해 몇 가지 더 설명하겠습니다. 먼저 우리가 말하는 취업이란 직업이 있는 상태라기보다는 직장에 다니는 상태입니다. 대학을 졸업하고 회사에 들어가면 취업했다고 하지요. 취업을 직업이 아닌 직장과 연결하는 데에는 매우 중요한 의미가 숨겨져 있습니다. 직장에 다닌다고 반드시 직업이 생기는 것은 아니니까요. 직장 생활을 하면서 직업을 만드는 사람은 소수입니다. 따라서 직장에 다니며 직업을 만들지 못하면 직장을 떠나는 순간 무직 상태가 됩니다. 반면 직장에 다니며 직업을 만들면 직장을 떠나서도 직업이 있겠지요. 말장난처럼 들릴지도 모르지만, 직장과 직업을 면밀히 구분하는 것이 연금보험에 가입하는 일보다 중요하다고 생각합니다. 직장을 다니는 것보다 자신만의 직업을 만드는 것이 더 중대한 일입니다. 다시 한 번 강조하지만 직장인과 직업인은 매우 다른 말입니다.

다음 그림을 보면 50세 전후 직장을 떠나는 데에는 세 가지 부류가 있습니다. 첫째, 직장과 연결고리가 있는 직업을 만들고 나오는 경우입니다. 회사 다니며 쌓은 전문 지식을 바탕으로 퇴직 후 컨설턴트로 활동하거나 창업하는 경우입니다. 저도 여기에 해

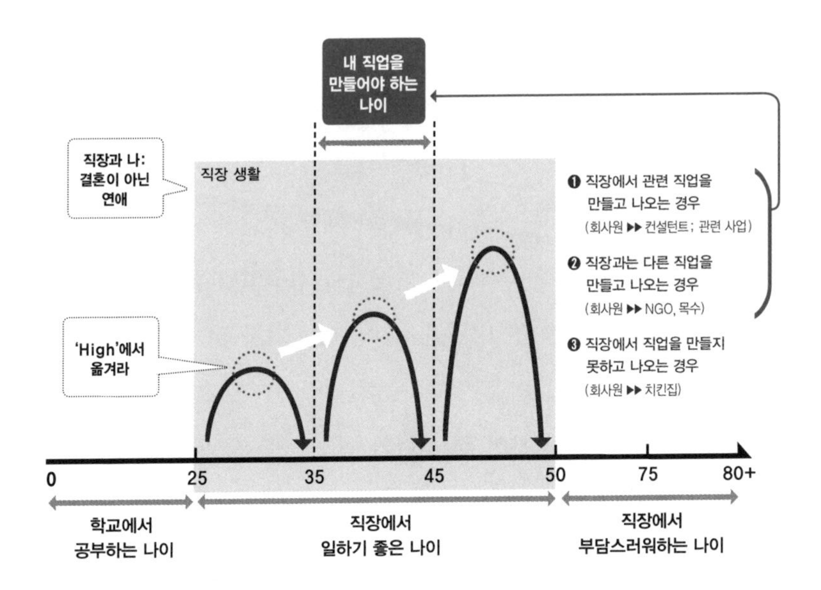

커리어 서바이벌 플랜

당합니다. 사 년에 걸친 공군 장교 생활을 마치고, 유학을 다녀와 직장 생활을 시작한 때는 만 서른 살 무렵이었습니다. 십 년 동안 '위기관리 커뮤니케이션 컨설턴트'라는 나름의 직업을 만들어서, 만 서른아홉에 사업을 시작해 지금에 이르렀습니다. B 씨는 외국계 기업에서 조직개발 담당 임원으로 일했습니다. 그는 40대 중반에 회사를 떠나 사업을 시작해 퍼실리테이션(워크숍 진행 기술)을 기반으로 활발한 컨설팅을 하고 있습니다. 목공소를 운영하며 목수로서 작업을 하다가 목공 학교의 선생님으로 전환하여 학생들을 가르치는 경우도 여기에 해당합니다. 이는 보통 자신이 젊은 시절 직장에서 한 일을 좋아하거나 어느 정도 성과를 낸 사람들이 많이 실행하는 모델입니다.

둘째, 직장과는 다른 직업을 만들고 나오는 경우입니다. 평범한 회사원으로 지내다가 관심 분야나 재능을 살려 NGO에 들어가거나 작가 혹은 목수 등으로 변신하는 경우입니다. 《내 인생이다》를 쓴 김희경 작가는 17년간 〈동아일보〉 기자였습니다. 하지만 국제 NGO인 세이브더칠드런에서 어린이 인권 보호를 위한 일을 하며 새로운 삶을 시작한 뒤 재단과 연구소 등을 거쳐 2019년에는 여성가족부 차관에 이르렀습니다.

마지막으로 직장에서 아무런 직업을 만들지 못하고 나오는 경우입니다. 대표적으로 퇴직하고 치킨집을 여는 사람이 여기에 속합니다. 평소 닭요리에 관심이 많아 나름의 비법을 개발해 치킨 전문 레스토랑을 여는 사람도 있을 겁니다. 그러나 대다수는 퇴직 후 딱히 할 일이 없지만 차마 무직이라고 말할 수는 없다는 생각에 너도나도 프랜차이즈 음식점부터 열려고 합니다. 2013년 9월 미국의 〈월스트리트 저널〉은 한국의 치킨집이 국가 경제에 부담이 되고 있다는 기사를 냈습니다.[11] 기사에 따르면 한국의 노동 인구 2천 4백만 명 중 4분의 1이 자영업자입니다. 미국은 그 비율이 6퍼센트라니 네 배 이상 많은 수치입니다. 연령이 올라갈수록 자영업자 비율은 더 늘어납니다. 한국의 50대 노동 인구 중 자영업자는 무려 32퍼센트라고 합니다. 2002~2011년 사이 해마다 전국에 치킨집이 7,400개가 생기고 5,000여 개가 망했습니다.[12] 치킨집 창업 삼 년 이내에 거의 절반이 실패하며, 80퍼센트는 십 년 내에 실패합니다. 한국의 1천 명당 음식점 수는 12개로 일본의 두 배, 미국의 여섯 배입니다. 수많은 음식점이며 치킨집이 오래가지 못하고 수시로 문을 열었다 닫는 이유를 이해할 수 있는 대목입니다.

직장과 관련이 있든 없든 직장을 다니는 동안, 즉 정기적인 수입을 벌어들이면서 자신만의 직업을 만들어야 합니다. 이력서에 써넣을 경력이 있다고 해서 직업이 있다는 착각에 빠지지 말아야 합니다. 직업이 있다는 말은 직장을 떠나서도 스스로 일을 지속할 수 있는 상태를 말합니다. 사업을 하든, 프리랜서든, 혼자 설 수 있는 상태인 것이지요. 명함에서 회사 이름과 직책을 지웠을 때 스스로를 무엇으로 정의내릴 것인지, 지금부터 준비해야 합니다.

"25년 커리어가 아니라 50년 커리어"(구본형)

외국계 IT기업에 근무하는 최 상무는 50대 초반입니다. 탁월한 업무 성과로 그는 내부에서 사장 다음으로 잘나가는 임원이었습니다. 해외 본사에서도 그를 주목했습니다. 그는 정말 열심히 일했고, 늘 일이 최우선이었습니다. 결과를 위해 물불을 가리지 않았고, 사장이 되겠다는 욕심도 있었습니다. 실제로 회사에서 사장 자리에 가장 근접한 사람이었습니다. 시기하는 사람들도 있었지만 그가 차기 사장일 것이라는 점에는 이론의 여지가 없었습니다.

하지만 최 상무는 얼마 지나지 않아 회사를 떠나야 했습니다. 일 잘하고 성과도 뛰어난 사람이 왜 회사를 떠났을까요? 잘나가는 최 상무를 견제해야 자신의 자리를 지킬 수 있는 현직 사장의 공작(?)에 의해 억울하게 물러나야 했다는 후문입니다. 여기서 알 수 있듯, 일 잘하고 성과 좋다고 해서 반드시 승진하는 것은 아닙니다. 내부 정치의 희생양이 될 수도, 운이 따라주지 않을 수도 있습니다. 최 상무는 집에서 쉬면서 몇 년이 지나도록 분을 삭이지 못했다고 합니다. 그에게는 모든 것이었던 회사와 일, 그리고 목표였던 사장 자리를 놓치고 만 것이 남은 삶을 송두리째 흔들었습니다. 일 이외에 자기 삶이란 없었던 그는 회사를 나와서 오랫동안 방황할 수 밖에 없었고, 병까지 얻는 신세가 되었습니다.

일을 잘해도 50대 초반이면 회사를 나와야 하는 것이 씁쓸하지만 냉정한 현실입니다. 최 상무의 더 큰 문제는 사장이라는 직책만을 바라보느라 50대 후에는 어떤 일을 할지에 대해서 아무런 준비를 하지 않았다는 점입니다. 은퇴 이후를 위해 저축을 하고 연금을 들지만, 회사를 떠나서는 어떤 일을 하며 살아갈지에 대해서는 막막합니다. "일단 사장까지는 해봐야지……"란 생각을 하며, 그 이후의 삶에 대한 고민은 외면하거나 미루는 것이죠.

변화경영사상가인 고(故) 구본형 소장은 25년간의 직장 생활(25세에 직장 생활 시작해서 50세 즈음에 마치는)이 아닌, 50년 커리어(25세에 시작한 직장 생활에서 자기만의 커리어를 만들어 75세까지도 즐겁게 사는)를 만드는 것이 중요하다고 오래전부터 강조했습니다.[13] 이 말에 착안해 삶의 일반적 경로를 그려보았습니다. 초등학교(8~13세), 중학교(14~16세), 고등학교(17~19세)를 마치고 바로 취업을 하는 경우도 있지만, 대학교(20~23세)에 간다면, 군대, 휴학 여부 등에 따라 다소 차이가 나더라도 대략 25세 전후 취업을 합니다. 인생 초반기인 25년 정도를 유치원과 학교에서 공부하고, 그 후 25년 정도 직장에서 일합니다. 25~50세는 직장에서 일하기 좋은 나이입니다. 50세를 넘으면 임원 등의 경우를 제외하고는 직장에 남기 어렵습니다. 40대 후반에 이사나 상무 타이틀을 달지 못했다면, 실질적으로 직장 생활이 얼마 남지 않은 것이죠. 80세까지 거뜬히 사는 요즘, 50세 전후에 퇴직하고 새로운 직장을 찾지 못한다면, 25년 동안 직장 생활 하면서 번 돈으로 남은 삼십 년 이상을 버텨야 한다는 뜻입니다.

과거에는 60대까지 일하고 은퇴 후 십 년 남짓 지내다 삶을 마감했습니다. 이때는 직장을 떠나면 직업이 없어진다는 말이 맞았죠. 하지만 지금은 다릅니다. 남이 만들어 놓은 직장에 붙어 있는 동안만 직업이 유지되는 패러다임에 맞춰 살다가는 험한 꼴을 못 면합니다. 생존 자체가 불가능해졌지요. 그러니 이제라도 우리는 직장을 떠나더라도 직업을 유지할 수 있는 패러다임을 만들어야 합니다. 그렇다면 현실적으로 나의 직업은 언제 만들어야 할까요?

저는 정리에는 도통 소질이 없어서 이 년 넘게 한 달에 한 번씩 정리 컨설턴트와 만나 상담을 받았습니다. 우리나라 제1호 정리 컨설턴트인 윤선현 대표입니다. 그는 자신이 좋아하는 것을 찾아서 직업으로 연결한 사람입니다. 그의 표현을 그대로 옮기면 십여 년 동안 월급을 마약처럼 받으며 직장에 다녔다고 합니다. 평소 사무실 자기 책상은 물론 컴퓨터 파일까지 단순하고 깔끔하게 정리하는 것을 좋아하고 잘하던 그는 외국에 정리 컨설턴트라는 새로운 직업이 있다는 것을 발견했습니다. 직장 생활을 하면서 자료도 모으고, 공부도 하면서 새로운 직업에 도전하겠다는 꿈을 키웠습니다. 결국 30대 초반에 과감하게 직장을 나와 정리 컨설턴트라는 직업을 처음으로 국내에 소개하며 사업을 시작했습니다. 단순히 청소를 대신 해주는 것이 아닌, 정리정돈의 철학과 습관을 길러주며 고객의 생산성을 높이는 데 긍정적 영향력을 행사하는 일입니다. 그는 공간, 시간, 인맥 등 세 가지 분야에 걸쳐 고객들에게 정리 컨설팅을 합니다. 그가 낸 첫 책《하루 15분 정리의 힘》은 지금까지 15만 부 이상이 팔려나가는 폭발적인 반응을 얻었습니다. 자신이 원하는 것이 무엇인지 찾고, 과감하게 우리나라에는 없는 일을 시작한 그의 용기는 결국 새로운 직업으로 연결되었습니다.

대학 졸업 후 바로 취업한다면 대략 10년 정도 직장 생활을 했을 때 30대 중반이 됩니다. 물론 음악, 미술, 연기, 음악 등 예술과 예능 분야에서는 어린 시절부터 자신이 좋아하고 잘하는 것에 집중해 연습하고 경험을 쌓아 일찍 성공하는 경우도 있습니다. 그렇지만 일반적으로 직장을 다니는 사람들은 학교를 졸업할 때까지도 자신이 정말 좋아하고 잘하는 것이 무엇인지를 알기가 어렵습니다. 따라서 25~35세, 즉 직장 생활 십 년 이내에 다양한 경험을 통해 자신이 앞으로 집중하고자 하는 업을 찾는 것이 가장 중요합니다. 다양한 경험이란 여러 직종의 아르바이트일 수도, 직장일 수도 있으며, 취미나 독서일 수도 있고, 뒤늦게 시작한 공부, 또는 전문가와의 만남이 될 수도 있습니다. 이를 28세에 찾을 수 있다면 34세에 찾는 것보다 더 좋겠지요. 그렇다면 왜 35세가 자기 업을 찾는 '마지노선'일까요?

하루 세 시간 기준, 일주일 스무 시간씩 훈련을 하여 십 년의 연습이 필요하다는 '1만 시간의 법칙'이 아니더라도, 특정 분야의 전문가가 되기 위해서는 적어도 십 년의 훈련과 경력은 필요합니다. 많은 이들이 50세 전후에 직장을 떠납니다. 어느 때부터 '명퇴(명예퇴직)'란 말이 흔하게 쓰이지만, 정말 명예로운 은퇴란 더 이상 존재하지 않는다는 것도 직장인이라면 잘 알고 있습니다. 이렇게 볼 때, 퇴직 오 년 전, 즉 45세까지는 전문가로 성장해 있어야 독립 계획도 세울 수 있습니다. 45세까지 전문가로 성장하기 위해 적어도 십 년의 집중적인 연습 기간을 갖는다면 바로 35세가 마지노선이 되는 것이지요.

35세에서 45세 사이에 나의 직업을 만들지 못하면, 결국 우리는 50세 전후에 직장을 떠나고, 직업도 날리는 구조 속에 갇혀버릴 수밖에 없습니다. "신문에는 나이 예순에 새로운 일을 시작하여 성공한 사람들도 있던데요?"라고 하실 분이 있을지 모르겠습니다. 저는 그런 분들에게 왜 그런 성공 스토리가 신문에 났는지 생각해보라고 말합니다. 그건 극히 예외적인 경우이기 때문입니다. 그런 스토리를 보면서 무작정 "나도 할 수 있어!"라고 외치는 것은 크게 도움이 되지 않습니다. 대부분의 우리는 평범한 사람이며 그런 예외적인 성공과는 거리가 있습니다. 예외적인 성공을 목표로 한다면 지치고 불행한 삶이 될 뿐입니다. 우리는 어떻게든 임원 자리에 올라 40대 중반에 떠날 것을 40대 후반이나 50대 초반까지 고작 몇 년 늘려보려는 노력 속에 갇혀 있습니다. 최근 삶의 이모작을 이야기하는데, 이것도 35~45세에 제대로 기틀을 닦아놓지 않으면 현실적으로 힘듭니다.

그렇다면 직업은 어떻게 만들어가야 할까요? 커리어 관리와 인생에서 실패하는 가장 큰 요인은 어떤 직업이 앞으로 유망할지 예측을 못 해서라기보다는 자기가 정말로 원하는 것이 무엇인지를 몰라서입니다. 가장 좋은 것은 30대 초반까지 자기가 정말로 하고 싶은 것을 찾는 것입니다. 설사 유망하지 않은 분야라 하더라도 좋아하고 잘하는 일을 중심으로 찾다 보면 서바이벌의 가능성은 높아집니다.

인생은 직업 찾기의 연속이다

30대에 본격적인 커리어를 시작하면서 저는 뛰어난 커뮤니케이터가 되고 싶었습니다. 커뮤니케이션 컨설턴트이니 프레젠테이션도 멋지게 잘하고 싶고, 컨설팅 보고서도 잘 쓰고 싶었습니다. 강의도 잘하고 영어도 잘하는 사람이 되면 좋겠다라는 생각도 했습니다. 그러기 위해서 열심히 노력도 하고, 성과에 대한 보상도 어느 정도 받았습니다.

30대 중반에 접어들면서 마흔쯤에는 내 삶에 변화를 주어야겠다고 생각했습니다. 자연스럽게 제 직업에 대해 다시 생각해보게 되었지요. 40대에 어떤 분야에 어떤 방식으로 집중할 것인지를 결정해야 했으니까요. 정말 재미있으면서 돈도 벌 수 있는 일이 뭘까 고민하기 시작했습니다. 저는 커뮤니케이션하는 일을 좋아했지만, '뛰어난 커뮤니케이터'를 평생 직업으로 삼을 만한 것인가에 대해서는 의문이 들었습니다. 시간을 들여 그때까지 하던 일을 돌아보았습니다.

저는 사장이었고, 회사는 성과를 내며 계속 성장했습니다. 사장으로서 제 시간의 대부분은 회사 전체를 돌보고, 매출에 신경쓰고, 인재를 뽑고, 문제가 되는 직원을 관리하는 데 썼습니다. 사장이 된 이상 자동적으로 따라오는 업무들이지요. 솔직히 재미는 없었습니다. 저는 오히려 고객사 임원들을 대상으로 한 코칭과 트레이닝이 더 즐거웠습니다. 고객 만족도도 높고 피드백도 좋고 무엇보다 재미가 있었습니다. 이 일은 매출 대비 이익률도 높았습니다. 회사 내부에서도 직원 교육 프로그램 개발과 진행에 꽤나 신경을 썼습니다. 문제는 제 본업은 회사 대표여야 하고, 코칭이나 트레이닝은 어쩌다 하는 일이라는 현실이었습니다.

이렇게 30대 후반에 제 자신을 돌아보면서 직업적으로 소질과 열정이 어디에 있는지 조금 더 잘 알게 되었습니다. 저는 뛰어난 커뮤니케이터가 되는 것보다, 다른 사람이 더 뛰어난 커뮤니케이터가 되도록 도와주는 코칭과 워크숍 디자인, 진행 등에 재미를 느끼고, 이를 통해 돈도 벌 수 있다는 생각을 하게 되었습니다. 고심 끝에 컨설팅사의 사장직을 그만두고, 2007년에 제 회사를 세웠습니다. 이후 저는 코치 및 퍼실리테이터로서 더 자유롭게 공부할 수 있었고, 더 재미나게 다양한 고객들과 함께 일하고 있습니다.

이런 과정을 통해 제가 배운 것이 있습니다. 나의 직업이 무엇일까에 대해서는 대학을 졸업할 때뿐 아니라 지속적으로 고민해야 한다는 점입니다. 40대 중반에 접어든 요즘, 저는 50대 나의 직업은 또 무엇이 되어야 할까를 고민합니다. 제가 직업을 찾을 때 사용하는 두 가지 도구, '여덟 개의 모자'와 '슬래시(/)'라는 개념을 소개합니다.

직업을 찾을 때 우리가 물어야 할 것은 두 가지 질문입니다.
"무엇이 재미를 만들어내는가?"
"무엇이 돈을 만들어내는가?"

한때는 무엇을 잘하는가, 무엇을 좋아하는가 이 두 가지로 생각을 했습니다. '무엇을 좋아하는가'는 '무엇이 재미를 만들어내는가'와 같은 질문이고, '무엇을 잘하는가'라는 질문은 '무엇이 돈을 만들어내는가'라는 질문으로 바뀠습니다. 잘하지만 돈을 만들어낼 수 없다면 현실에서는 직업을 찾기 위한 질문으로서는 힘이 없으니까요. 자, 그럼 재미있는 영역을 찾아내는 여덟 개의 모자부터 설명을 드리겠습니다.

여덟 개의 모자

무엇이 재미를 만들어내는가?

연애할 때 아내는 제게 살면서 여덟 개의 모자를 만들어 써야 한다고 조언해주었습니다(아내도 어디에서인가 읽은 개념이라고 하더군요). 살아가면서 여러 가지 역할들이 있는데 그것이 여덟 개는 되어야 하고, 또 그런 모자들이 균형을 이루어야 한다는 뜻입니다. 동창회장이나 협회장 같은 타이틀이 아니라, 자신이 살아가면서 좋아하거나 사명감을 갖고 있는 분야가 여덟 개는 되어야 한다는 겁니다. 저는 샴페인을 무척이나 좋아하고, 앞으로 샴페인 전문가라는 모자를 쓰는 것이 꿈입니다. 또한 몇 년 전 배웠던 목공 기술을 활용하여 책상, 책장, 의자 등 책과 관련된 가구를 만드는 목수라는 모자를 쓰는 것도 꿈이지요. 직업과 관련해서는 비즈니스나 위기관리 분야에서 더 나은 코치가 되는 것도 꿈이고, 새로운 스토리를 만들어 내는 스토리 워커의 모자도 만들어가고 있습니다. 이외에도 코미디 작가, 재즈 뮤지션, 즉흥 연주/연기 이론가 등의 모자를 꿈꾸고 있습니다.

여기에서 여덟 개의 모자는 꼭 돈을 만들어내는 것이 아니어도 좋습니다. 자신에게 정말 중요하고 자신이 좋아하고, 시도해보고 싶은 것이 무엇인가 하는 질문에 스스로 답하다 보면 다양한 모자를 찾아낼 수 있을 것입니다. 꼭 여덟 개가 아니어도 좋으니 여러분도 쓰고 싶은 모자를 나열해보시기 바랍니다.

슬래시 효과

무엇이 돈을 만들어내는가?

마르시 앨보허는 '슬래시 효과'라는 개념을 제안하고 이에 대한 책을 쓴 미국의 변호사입니다. 슬래시란 어떤 일을 하느냐는 질문에 대해서 딱 한 가지만으로 답할 수 없는 현상을 말합니다.[14] 새로운 경제 환경 속에서는 과거처럼 하나의 커리어에 모든 것을 걸기보다는 슬래시로 자신의 여러 가지 커리어를 만들어가는 것이 중요하다는 의미입니다. 그는 변호사이면서 〈뉴욕타임스〉의 칼럼니스트로 활약했습니다. 또 작가/강연자로도 활동하고 있으며, 최근에는 비영리 싱크탱크에서 연구원으로서도 많은 시간을 보내고 있습니다. 그 자신이 전형적인 슬래시 워커인 셈이죠.

슬래시는 매우 현실적인 방법론입니다. 현재 커리어를 무조건 그만두고 새로운 일을 하라는 것이 아니고, 관심사와 수입의 원천을 여러 개로 늘리는 노력을 시작하라는 것입니다. 이렇게 되면 이전처럼 직장이 없어지는 것과 동시에 수입이 끊기는 일은 없겠지요. 그렇다면 어떤 능력을 키우는 것이 좋을까요? 글쓰기, 가르치기, 연설, 컨설팅 등은 어느 직업과도 연관되어 새로운 커리어를 만들어 낼 수 있으므로 이러한 영역에 관심을 가지는 것이 좋다고 앨보허는 조언합니다. 또한 취미를 업그레이드하여 작은 수입이라도 만들어낼 수 있는지 살펴보고, 평소에 관심 있던 기술을 배워보는 것부터 시작하라고 합니다. "은퇴하고 나서 정말 좋아하는 일을 해야지"라고 생각하기보다 지금부터 관심 있는 것을 꾸준히 익히고 계발하라는 의미입니다.

제가 출연한 SBS 라디오 〈책하고 놀자〉를 연출했던 이재익 피디는 대표적인 슬래시 워커입니다. 그는 마흔이 되기 전에 이미 15년을 소설가로, 13년을 시나리오 작가로, 그리고 11년을 라디오 피디로 살아온 크리에이터입니다. 물론 그는 잘나가는 사람이지만, 평범한 직장인도 충분히 이런 슬래시 워커가 될 수 있습니다. 글을 쓰는 것에 관심이 있다면 회사 사보나 지역 언론에 열심히 기고를 할 수도 있습니다. 소셜 미디어 시대에는 누구나 저자가 될 수 있으니까요. 자신만의 뚜렷한 주제를 잡아서 몇 년 동안 지속적으로 블로그를 써나간다면 그 분야에 대해 전문성을 확보하며 저자로서의 기반을 닦을 수 있지요. 하고 싶은 것이 있다면 생각만 하지 말고 실제 행동에 옮기는 것이 중요합니다. 이재익 피디는 자신의 책《나 이재익, 크리에이터》에서 이렇게 말합니다. "어떻게 해서든 아이디어를 결과물로 만드는 힘, 근성과 노력이 아이디어 그 자체보다 더 중요하다고 나는 감히 말한다."[15]

제게 목공을 가르쳐주었던 목수 유우상 대표도 슬래시 워커입니다. 선생님은 25년 동안 마루와 문짝을 만드는 목수로 살아오셨습니다. 그러다 독일에 본사를 두고 있는 하드웨어 회사인 헤펠레에서 운영하는 목공교육학교에서 목공교육 기법 연수 프로그램을 마친 후, 목공학교를 열었습니다. 목수와 목공 선생은 유사하지만 다른 기술이니 슬래시 커리어입니다. 얼마 전 삼성동에서 리빙디자인페어가 열렸는데, 헤펠레 부스에서 멋진 차림으로 관람객들에게 설명을 해주는 유 대표를 보았습니다. 일반 목수와는 다른 삶을 만들어 가는 모습을 보고 저도 무척 기뻤습니다.

제품은 물론 기업도 수십 년을 지속하기 힘든 세상에 나의 커리어나 현재 직장이 앞으로 수십 년 동안의 수입원이 되기 힘들다는 것은 자명합니다. 그러니 곰곰이 생각해보고 돈을 벌 수 있는 커리어를 한 번 적어보시기 바랍니다. 돈을 벌 수 있는 커리어란 자기가 갖고 있는 일정 수준 이상의 기술과 연관이 됩니다. 요리사 자격증이 있다거나 그에 준하는 기술을 갖고 있다면 이는 팔 수 있는 커리어입니다. 번역 기술도 마찬가지입니다. 온라인 상거래를 할 수 있는 기술과 여건이 있다면 그것도 역시 팔 수 있는 커리어지요. 친구와 동업하여 떡집을 열 수 있다면 이것도 포함됩니다. 디자인, 바텐딩, 컴퓨터 프로그래밍도 돈을 벌 수 있는 커리어입니다. 아이들에게 독서나 논술, 스포츠 지도를 할 수 있거나, 카메라를 잘 다루거나, 악기를 다루는 것도 마찬가지입니다.

언젠가 떠날 조직이라면 떠밀리지 말고 당당하게

재미를 만들어내는 것을 찾기 위해 우리는 여덟 개의 모자라는 개념을, 내가 살아가는 데 필요한 돈을 만들어내는 직업을 찾기 위해서는 슬래시 효과라는 개념을 사용했습니다. 재미와 돈 두 가지를 놓고 함께 생각하면 네 가지 경우가 나옵니다.

돈과 재미를 모두 만들 수 있는 '행운의 영역', 돈은 만들지 못해도 재미를 주는 '취미/보람의 영역', 재미는 없지만 그래도 돈을 만들어주는 '생계의 영역', 돈과 재미 모두 주지 못하는 '불운의 영역'입니다. 돈을 만들어내는 행운과 생계의 영역을, 또한 재미를 만들어내는 보람과 행운의 영역을 먼저 찾아보고, 궁극적으로는 행운의 영역을 넓히는 기회를 만들어야 합니다.

여덟 개의 모자와 슬래시 효과 모두 살펴보았는데, 이 둘 사이에 똑같은 것이 겹쳐도 될까요? 겹친다면 최상입니다! 재미와 돈이 합쳐지는 행운의 영역이기 때문이지요. 제 경우 샴페인 전문가로서는 돈을 벌기는 힘들 것 같으니 취미의 영역으로 남을 것 같습니다. 오히려 샴페인 애호가로서 돈을 투자하는 것이 많겠지요. 하지만, 목수로서는 어느 정도 돈을 벌고 싶고, 그렇게 되기 위해 계획을 세우고 있습니다. 제 회사는 컨설팅 회사이지만 사업자 등록증의 사업 종목에는 가구 제작과 목공이라는 항목이 들어가 있습니다. 향후 미래를 꿈꾸며 몇 년 전 추가한 것이지요. 따라서 목수는 제게 하나의 슬래시가 될 수 있습니다. 또한 컨설턴트로서 해오던 일을 최근에는 글로 써내는 작업을 하고 있습니다. 수년 전 시작한 블로그가 커다란 도움이 되었습니다. 2011년에는 첫 책《쿨하게 사과하라》(김호, 정재승 공저)를 냈고 지금도 이렇게 책을 쓰고 있으니, 작가라는 것도 또 하나의 슬래시가 될 수 있겠지요.

제 단짝 친구는 최근 새로운 모자 만들기 프로젝트에 돌입했습니다. 40대 중반까지 몸담았던 IT업계는 이 친구에게는 생계의 영역이었습니다. 직장과 직업의 구분도 크게 신경 쓰지 않았죠. 그러다가 40대 중반이 다가오면서 회의가 생겼습니다. 나는 과연 내가 좋아하는 것을 위해 얼마나 노력해보았나? 우연히 취직했다가 같은 분야에서 회사만 옮겨가며 돈을 번 것은 아닐까? 친구는 오랫동안 진지하게 고민한 끝에 일 년 과정의 요리 학교에 입학했습니다. 이제 이 친구는 요리를 배우면서 취미와 보람의 영역에서 일 년을 보낼 것입니다. 입학금과 수업료도 힘들게 마련했지요. 앞으로 수입이 생기기까지 얼마만큼의 시간이 걸릴지 두렵기도 하지만, 평소 즐기던 것을 전문적으로 배우니 즐겁다고 합니다. 친구는 학교를 졸업하고 나서 요리를 행운의 영역, 즉 즐기면서도 돈을 제법 벌 수 있는 것으로 만들기 위해 최선을 다해 노력하고 있습니다.

우리는 모자와 슬래시를 끊임없이 찾아 직장 생활 이후의 미래를 채워가야 합니다. 쓰던 모자가 낡았다면 수선하고, 더 이상 쓸 수 없다면 과감하게 버리고 새 모자를 찾아야 합니다. 뜻하지 않게 모자나 슬래시가 날아가 버리는 일도 생깁니다. 직장에서 타의로 나오게 되는 경우가 그렇지요. 지금까지 만들어온 현재 그리고 내가 꼽은 모자와 슬래시를 보면서 언제 행운의 영역으로 들어갈 것인지, 그러기 위해서 미리 준비해야 할 것이 무엇인지를 생각해야 합니다. 보람의 영역에서 어떤 것을 남기고, 행운의 영역으로 넘길지, 생계의 영역에서 하던 일을 또 다른 가지를 쳐서 행운의 영역으로 보낼 것은 없을지 말입니다.

때로는 쉬어갈 수도 있습니다. 실제 저는 2007년 6월 회사를 설립하고 나서 6개월간 일은 거의 하지 않고 여행을 다녔습니다. 놀았다기보다는 제 미래를 어떻게 설계해야 할지에 대해서 고민하는 시간을 가졌습니다. 여행을 마치고 돌아와 제 사업을 시작했고, 제가 갖고 있는 모자와 슬래시들을 행운의 영역으로 보내기 위해 노력하고 있습니다.

조직의 구성원으로 일하는 것과 1인 기업을 차려 제 직업을 가지고 살아가는 것은 차이가 컸습니다. 정말 커다란 변화였지요. 때로는 힘들기도 했습니다. 가장 힘든 부분은 불확실성과의 만남이었습니다. 특히 글로벌 기업이라는 확실한 우산 밑에서 일하다가 제 회사를 차려 일을 시작해보니 이건 뭐 불확실성 종합 선물세트였습니다. 우선 제 회사를 아는 사람이 아무도 없었습니다. 당연하지요. 경제적으로도 막막했습니다. 회사를 만들고 그 이듬해 미국에서 트레이닝 프로그램을 도입하기 위해 덜컥 돈을 투자했습니다. 회사 설립 자금의 거의 대부분을 불과 몇 달 만에 소진해버린 것이죠. 그때 미국에 출장을 갔는데, 호텔 방에서 통장 잔고를 보다가 거울에 비친 제 모습을 보며 불안해하던 기억이 아직도 뚜렷합니다. 초반이라 제 월급도 나오지 않아서 돈을 빌려야 했거든요. 신문이나 잡지 광고는 생각도 할 수 없었으니, 겨우겨우 온라인상으로 첫 프로그램을 홍보하며 신청자를 모집할 때의 불안감이 목 뒷부분 어딘가에서 아직도 느껴집니다. 첫 세금계산서를 제 손으로 작성하고 우체국에 가서 고객에게 부치던 때의 떨림도 기억합니다.

여기서 "왜 잘 다니던 조직을 떠나 사서 고생을 하는가?"라는 질문을 해볼 수 있습니다. 다른 사람이 만들어놓은 조직에서 독립을 하고, 칠 년여 사업을 하면서 제가 찾은 답은 이렇습니다. 누누이 이야기했듯이 회사란 언젠가, 대부분 40대 후반에서 50대 초반이면 떠나야 하는 곳입니다. 불확실성은 항상 인간과 함께합니다. 원치 않게 조직에서 밀려나서 갑작스럽게 불확실성을 맞이할 것인지, 아니면 자신이 원하는 분야에서 자기만의 직업을 만들면서 불확실성과 대면할 것인지 선택해야 한다면 저는 후자가 바람직하다고 믿습니다. 어차피 피할 수 없는 불확실성이라면 일시적으로 줄이는 방법보다는 불확실성과 제대로 마주하고 돌파하는 방법을 찾는 게 낫겠지요.

내가 즐기는 일로 돈을 벌고 있지 않다면, 향후 오 년 내에 삶이나 직업의 변화를 꿈꾸고 있다면, 나에게 재미를 주는 일로 돈을 벌고 싶다면……. 여덟 개의 모자와 슬래시 효과를 이용하여 하나씩 미리 준비하는 것이 가장 좋지 않을까요? 우리 삶의 진짜 아이러니는 어쩌면 기회가 있는데도 잡지 못해 엉뚱한 곳으로 향하는 것은 아닐지……. 마지막에 도달한 그곳이 자기가 원하던 곳이 아니었음을 깨닫고 후회할 때까지 무작정 손 놓고 있는 것은 아닐지요.

직업을 찾는 일은 하루에 완성되지 않습니다. 생각은 늘 바뀌고, 시간이 지남에 따라 새로운 아이디어가 떠올랐다가 사라지기도 합니다. 여행을 갈 때도 지도를 확인하고 교통편과 도착 시간을 확인하며 무엇을 먹고 어디에서 잘지 신경을 씁니다. 하물며 우리 삶에서 직업을 찾는 일은 더 많은 시간을 들이고 고민과 수고를 더해야 합니다.

나만의 서바이벌 키트 만들기 1

여러분들도 여덟 개의 모자와 슬래시 효과에 적은 것을 다음 카테고리에 적어보시기 바랍니다. 이때 지금 가지고 있는 것과 미래에 가지고 싶은 것으로 구분해야 합니다. 여기에 적는 것만으로 끝내지 말고, 미래에 가지고 싶은 것은 꼭 지금부터 단련하시기 바랍니다.

	현재(그리고 과거)	미래
행운 재미와 돈 모두를 잘 만들어내는 영역		
취미와 보람 재미는 있지만 돈을 잘 만들지 못하는 영역		
생계 재미는 없지만 돈은 비교적 잘 만들어내는 영역		
불운 재미와 돈 모두 만들어내지 못하는 영역		

회사와 윈-윈하며 이별하는 법

30대 후반인 윤 팀장은 고민입니다. 20대 후반에 입사해 지금까지 십 년이라는 시간을 보내면서 왠지 한 번 옮겨야 할 타이밍을 놓친 것은 아닐까 싶어서입니다. 이 직장에서 40대를 맞이했다간 나중에 더 갈 곳이 없어지진 않을까 싶기도 합니다. 게다가 윤 팀장은 회사에 몇 번 실망한 적이 있습니다. 자기 동기 중에 한 사람은 중간에 다른 회사로 전직을 했다가 재입사를 했는데, 직책이 같은 그 친구의 연봉이 자기보다 더 높은 것을 우연히 알게 되었거든요. 회사에 대한 애정과 충성심으로 십 년 넘게 근무한 자신보다, 다른 직장에서 한눈팔다 온 동기를 더 대우해주는 것이 불만입니다. 과연 이 회사에 계속 충성할 필요가 있을지 회의가 들었습니다. 윤 팀장은 자기가 이 회사를 떠날 때는 모두들 후회하게 해주겠다, 하는 마음을 은근히 품고 있습니다. 소위 폭탄을 날리고 떠나고 싶은 것이지요.

직장은 나에게 어떤 존재인가요? 사람들은 어떤 계기로 직장을 옮길까요? 있을 때는 얼마나 충성해야 할까요? 윤 팀장의 예에서 보듯 언제 옮기는 것이 현명할지도 생각해봐야 할 문제입니다. 떠날 때는 어떻게 떠나야 할까요? 옮길 때는 세 가지를 같이 생각해야 합니다(25쪽 그림 참조). 첫째, 정상에서 옮겨야 합니다. 제가 직장 생활을 하면서 헤드헌터에게 들은 조언입니다. 직장에서 실적이 나빠지고 상황이 악화되어 밀려날 때까지 기다리지 말고, 자신의 능력과 실적이 좋은 평가를 받을 때 이직하라는 말입니다. "박수 받을 때 떠나라"라는 의미이지요. 저는 지금까지 세 번 직장을 떠났습니다. 컨설팅회사에서 제약회사로, 그리고 다시 일하던 컨설팅회사로, 그리고 창업을 위해. 이직할 때마다 이 조언을 떠올렸습니다.

윤 팀장의 동기는 회사를 떠났다가 돌아왔는데 왜 더 좋은 대우를 받았을까요? 조직의 생리를 생각해보면 답은 나옵니다. 조직은 열심히 일한 것에 대한 보상보다는 직원의 미래가치에 투자합니다(인재뿐 아니라, 모든 투자란 미래를 보고 하는 것이긴 합니다). 윤 팀장은 과거 십 년 이상 이 회사에 충성했지만, 회사 입장에서는 다른 곳에 가서 새로운 기술을 배우고 견문을 넓힌 동기 직원이 더 미래가치가 있다고 판단한 것이죠.

둘째, 직장과 나의 관계는 결혼이 아니라 연애입니다. 오래전 어느 책에서 이 구절을 읽고 정신이 번쩍 들었습니다. 연애할 때는 상대에게 충실하지만 사랑이 식으면 헤어지고 다시 새로운 사람을 만납니다. 직장과 나의 관계도 마찬가지입니다. 결혼처럼 평생 서로 돌보아주는 관계가 아니라, 함께 일하는 동안에만 서로에게 충실하면 되는 관계입니다. 더 좋은 직장이나 더 훌륭한 직원을 찾게 되면 충실함의 대상을 바꾸는 것이죠. 기회가 생기면 언제든 이직을 하듯 회사도 더 좋은 사람을 찾게 되면 언제든 기존 직원을 내보낼 것입니다. 회사가 가족이라도 되는 것처럼, 오랫동안 우리를 보호해줄 것이라고는 기대해서는 안 됩니다. 그러니 다니는 동안 충실하고 떠날 때에는 쿨하게 떠나야 합니다.

셋째, 아름다운 끝맺음을 해야 합니다. 이직하기로 마음먹었다면 이런 질문을 던져볼 필요가 있습니다. "어떻게 떠나는 것이 내가 그 동안 일하던 직장에 줄 수 있는 훌륭한 선물인가?” 결심했다면 되도록 빨리 이직 의사를 밝히고 후임자를 찾도록 도와주어야 하고, 또한 업무 인수인계에도 최선을 다해야 합니다. 짧게 보면 남 좋은 일이라고 생각할 수 있지만, 길게 보면 모두 자신을 위한 조치입니다. 옮겨갈 직장에는 최선의 모습을 보여주면서 자신이 일하던 직장에는 최악의 모습을 보이는 경우가 있습니다. 정말 수가 짧은 생각입니다. 사회는 생각보다 좁은데다 소셜 미디어가 영향력을 행사하며 평판이 더욱 중요해졌기 때문입니다. 단기적인 이해관계로 놓고 보면 새 직장이 더 중요합니다. 하지만 떠나는 직장은 나의 과거이기 때문에 나와는 뗄 수 없는 관계입니다. 전 직장에 전화 한 통이면 내가 어떤 사람인지는 누구나 금방 알 수 있으니까요. 그렇기 때문에 떠나는 직장에서 더욱 아름다운 끝맺음을 하고 나와야 합니다. 일반적으로 1개월 전에 이직 의사를 밝히는 것이 관례이지만 최소 2개월 정도 전에 회사에 알리는 것이 좋습니다.

저는 이직할 때 이 세 가지 원칙을 따랐습니다. 저는 나이 마흔에 사장 자리를 떠날 때 6개월 이상을 남겨 놓고 미리 사직서를 제출했습니다. 후임 사장을 찾는 일이 쉽지 않음을 알기 때문이지요. 후임자로 누가 가장 좋을지 상사에게 추천했고, 그가 후임 사장으로 결정되자 한 달간 함께 일하며 인수인계를 하고 나왔습니다. 그 당시 상사는 지금까지도 친구처럼 지내며 제게 좋은 기회를 연결시켜주고, 필요할 때 멋진 추천서를 써주었습니다. 제가 만약 안 좋은 끝맺음을 했다면 그 상사와의 우정도, 생각지 못한 기회도 없었겠지요. 그 상사는 몇 년 전 제 회사의 중요한 고객이 되었습니다. 이런 것이 커리어에서 윈-윈입니다.

Survival Kit 2

경험

e x p e r i e n c e

'할 수 있다'는 말보다
'했다'라고 말할 수 있어야 한다

"삶이란 관객의 스포츠가 아니다.
만약 당신이 그저 관람석에 앉아
세상에 무슨 일이 벌어지는지 지켜보며
삶을 흘려보낸다면, 내가 보기에 당신은
자신의 삶을 낭비하고 있는 것이다."

- 재키 로빈슨

"전략의 마지막 요소는 실행이다."

- 클레이튼 크리스텐슨[16]

무엇이 차이를 만드는가

'할 수 있다'라는 말은 가슴 벅찹니다. 긍정적입니다. 하지만 많은 경우 이 말을 하고 나서 허탈합니다. 이 말은 가능성과 희망의 상태이지, 결과를 손에 쥔 상태가 아니기 때문이지요. 수많은 자기계발서가 '당신도 할 수 있다'라고 외칩니다. 내게 가능성이 있다고 말해주니 고맙긴 합니다. 하지만 그 책을 읽는 동안 느꼈던 희망만큼이나 책장을 덮고 접하는 현실 속에서 실망을 느낍니다. 의지박약인 내 모습을 보면 실망은 더더욱 커집니다.

우리는 TV에서 다이어트에 성공한 소수의 사람들을 바라보며 "아, 나도 저렇게 해야 하는데……"라고 말합니다. 소파에 기대서 아이스크림을 먹거나 프라이드치킨을 먹으면서 말이죠. 유학 한 번 가지 않고 영어를 잘하는 한 직장인의 이야기를 보며 사두고 읽지 않았던 영어책 몇 페이지를 잠시 들춰봅니다. "아 나도 영어 공부해야 하는데……." 물론 말만 하고 끝나지요. 다이어트, 운동, 책 읽기, 영어, 글쓰기, 영업, 마케팅, 설득, 협상 등에서 선수가 된 성공한 사람들을 보며 우리는 감탄하고 허튼 다짐만 남발합니다. 나도 그들처럼 잘하려면 무엇부터 해야 할까요?

어느 조직에서든 설득이나 협상, 프레젠테이션, 커뮤니케이션을 잘하는 사람은 소수입니다. 주위에서 다이어트에 성공하는 사람도 소수입니다. 무엇이 이런 차이를 만들까요? 그 해답을 저는 중국에 불교를 포교한 인도 출신의 승려이자 철학자인 달마의 말에서 찾았습니다. "누구나 길은 안다. 하지만 소수만이 그 길을 걷는다." 십 년 전 달마의 이 문구를 제가 처음 접한 것은 엄숙한 분위기의 절이나 책이 아니라 캘리포니아 산타모니카의 한 선물 가게에서였습니다. 냉장고 자석에 쓰인 명언이었거든요. 어쨌든 이후 저는 이 말을 때때로 되새겼습니다. 우리 삶에 커다란 교훈, 어쩌면 가장 핵심적인 교훈을 던지는 것이 아닐까 싶더군요. 이 문장은 제게 다음과 같은 세 가지의 중요한 교훈을 주었습니다.

- 성공하기 위해서는 일단 정확한 길(방법)을 알아야 한다.
- 하지만 길을 '아는 것(지식)'이 성공을 의미하지 않는다. 그 길을 '걸어야(지식을 실행으로 옮겨야)' 성공 가능성을 훨씬 높

일 수 있다.

- 세상에서 아는 길을 실제로 걷는 사람들은 소수이다.

그렇습니다. 길을 몰라서 성취를 못하는 경우보다는 길은 알지만 걷지 않아서 성취를 못하는 경우가 많습니다. 세계적인 리더십 코치 마셜 골드스미스 역시 사람들이 리더십에 대해 이해를 못하는 것이 문제가 아니라, 자신이 이해하고 있는 리더십을 실천하지 않는 것이 더 큰 문제라고 지적한 바 있습니다. 제가 컨설팅하는 커뮤니케이션을 놓고 봐도 그렇습니다. 소통에서 듣기가 중요하다는 말은 상식적으로 모두들 알고 있습니다. 하지만 우리는 직원들과 회의를 하거나 회식을 할 때 대화를 독점하는 임원들의 모습을 흔히 봅니다. 잘 듣는 사람이 되기 위해서는 다른 사람이 말할 수 있도록 질문을 던지라는 구체적인 가이드를 줍니다만 실천하는 리더들은 소수입니다. 책을 많이 읽으면 좋다는 건 누구나 알지만, 실제 독서를 하는 사람은 소수이지요. 일을 할 때에도 미리 해놓으면 편하다는 것을 알지만 미루는 사람이 더 많습니다. 결국 성취와 성공을 좌우하는 핵심 요소는 '알기'가 아니라 '하기'입니다.

80년대 말 과천 현대미술관에서 도올 김용옥의 강의를 들었습니다. 그날 목적(目的)이라는 단어의 뜻을 말씀하셨는데, 삼십 년 가까이 지났지만 아직도 또렷이 기억하고 있습니다. 도올 선생은 목적이란 "과녁(的)을 눈으로 바라보는 행위(目)"이지 과녁이 아니라고 했습니다. 진정한 목적이란 높은 직책이나 지위 등등 어떤 '것'이 아니고, 끊임없이 과녁을 바라보면서 실천하는 행위라는 뜻이지요. 이는 매우 현실적인 통찰로 다가왔습니다. 한 발 떨어져 생각해보면, 무엇이 되기 위한 가능성을 내 수준에서 최대한 끌어올릴 수 있는 가장 기초적인 작업은 내 분야에서 필요한 행위나 기술의 수준을 최고조로 끌어올리는 것이죠. 도올 선생의 말을 빌려 알려드리자면, 이번 장에서 저는 무엇이 되기 위한 방법보다는 특정 행위나 기술에 있어 성공하는 방법을 다루려고 합니다. 결국 진정한 목적, 즉 꾸준히 실천하는 삶을 위한 방법을 말씀드리고자 합니다. 막연하게 '열심히 하자'라는 그런 구호 말고 아는 길을 걷기 위해서는 구체적으로 어떤 방법이 있는지 차근차근 살펴보겠습니다.

'할 수 있다'를 '했다'로 바꾸기 위한 다섯 가지 방법

❶ 공개 약속의 힘: 잃을 게 있어야 실행력이 생긴다

의지력이 약하고 독하지 못하다면, 어떻게 해야 할까요? 무언가를 걸면 됩니다. '명예'를 잃거나, 즉 쪽 팔리거나 아니면 '돈'을 잃거나. 저처럼 평범한 사람은 무언가 잃을 것이 눈에 보여야 그게 아까워서라도 실행에 옮기니까요.

먼저 '명예'를 거는 경우를 살펴보죠. 1995년 출간되어 베스트셀러에 오른 《로마인 이야기》 저자 시오노 나나미는 1992년부터 2006년에 이르기까지 15년 동안 15권을 써내는 저력을 보였습니다. 그녀는 책을 내기 이전에 공표를 했지요. 앞으로 15년 동안 《로마인 이야기》를 매년 한 권씩 펴낼 것이라고. 대중들에게 약속을 함으로써 지키지 못할 경우 명예를 잃는다는 위험을 스스로 짊어지고 작업을 시작한 것입니다. 결국 그녀는 약속을 지켰을뿐 아니라 베스트셀러 작가로 성공했습니다. 물론 15년 동안 15권의 책을 쓴다는 목표를 달성했다고 반드시 베스트셀러 작가가 되는 것은 아닙니다. 하지만 이렇게 목표 달성을 하고 나면 종종 '(베스트셀러 작가라는 지위와 같은) 무엇이 되는 목표'가 이뤄지기도 합니다.

주위에서도 이런 시도를 볼 수 있습니다. 금연 결심을 직장 동료들에게 선포하는 것 말이죠. 담배 피우는 모습을 보이거나 들키면 체면이 깎일 테니 흡연 욕구를 참게 됩니다. 역시 동기를 스스로 만든 것이죠. 실제 2014년 카이스트 차미영 교수팀은 휴대폰이나 몸에 부착하는 운동량 자동 측정 도구를 소셜 미디어에 연결하여 자동으로 운동량을 공개하는 것이 운동을 지속하게 하는 효과가 있음을 과학적으로 증명했습니다. 더 나아가 소셜 미디어에서 자신에 대한 소개에 '피트니스', '러너', '헬스' 등의 단어를 포함하는 사람들의 경우 그렇지 않은 사람들에 비해 운동을 더 지속하는 경향을 보인다고 밝혔습니다.[17]

돈을 거는 경우도 있습니다.《당근과 채찍》의 저자이자 예일대 교수인 이언 에어즈는 82킬로그램인 몸무게를 유지하기 위해 이베이닷컴을 이용했습니다. 매주 한 번이라도 84킬로그램을 넘을 경우 한 주에 5백 달러씩 내놓기로, 52주 동안 총 2만 6천 달러를 걸었습니다. 그는 성공적으로 몸무게를 유지했지요.

다소 극단적인 예시였습니다만 사람들이 돈을 걸어야 비로소 그 가치를 느끼고, 실행에 옮기는 것은 명백한 사실입니다. 일단 돈을 투자하고 나면, 그 돈을 그냥 날리지 않기 위해서라도 하게 되거든요. 비용을 치러야 하는 학원을 다니거나 과외 선생을 찾는 것이 효과적인 이유도 여기에 있습니다. 그러니 뭔가를 배우기로 했다면 기왕에 자신이 투자할 수 있는 최고의 학원이나 과외 선생을 찾는 것이 좋습니다. 날려도 좋은 돈이라고 생각할 정도의 투자로는 결코 자신을 묶어두는 데 성공하지 못하니까요. 이렇게 스스로 강제성을 두는 장치를 '자기 결박 계약'이라고 합니다.[18] 저는 박사 논문의 진도가 너무 나가지 않았을 때 아내와 자기 결박 계약을 맺었습니다. 매주 수요일 일정 분량만큼의 진도가 안 나갔을을 경우, 아내에게 30만 원을 주기로 한 겁니다. 정식 계약서까지 썼지요. 계약 기간인 4개월 동안 저는 매주 수요일이 다가올 때마다 압박을 느꼈습니다. 그렇게 그해 논문의 슬럼프에서 약간이나마 벗어났습니다. 종종 벌금도 냈지만요. 다만 이 과정에서 아내처럼 가까운 사람과 계약을 맺는다면 '자기 결박' 효과가 떨어진다는 것을 알게 되었습니다. 아내는 매몰차게 벌금을 가져가지 않고 몇 번 저를 봐주었거든요. 그렇기 때문에 아래에 나올 '레프리'를 선정할 때는 너무 친한 사람보다는 어느 정도 거리가 있는, 하지만 신뢰할 수 있는 사람이 낫습니다.

❷ 리추얼의 힘: 매일 반복하는 의식이 있어야 성공한다

어쩌다 한 번씩 하는 일보다 매일 반복적으로 하는 일이 삶에서 더 중요하다는 말이 있습니다.[19] 반복만이 숙달하기 위한, 또 목표를 이루기 위한 지름길입니다. 그러니 자신의 목표를 이루기 위해 매일 반복해야 할 리추얼, 즉 의식을 만드는 것도 '했다'를 말할 수 있는 방법입니다. 살을 빼기 위해 식사 조절을 결심했다면, 매일 식사 일기를 쓰고 한 달에 한 번씩 전문가에게 검사를 받는 것은 훌륭한 리추얼입니다. 혹은 매일 30분씩 뛰기로 하고, 뛰고 나서 페이스북에 뛴 장소의 사진과 기록을 올리는 것도 좋습니다. 이러한 의식은 특히 초반기에는 너무 부담스럽지 않은 것이어야 합니다.[20] 지쳐서 나가떨어질 수 있으니까요.

〈포브스〉가 2009년 뽑은 '세계에서 가장 영향력 있는 경영사상가' 중 한 명인 마셜 골드스미스는 한 인터뷰에서 매일 친구에게 전화를 걸어 스무 개 정도의 체크리스트를 제대로 실천하고 있는지 확인받는다고 밝혔습니다. 저도 매일 하는 의식이 있습니다. '모닝 허그'와 '나이트 허그'입니다. 출장만 아니라면 아침과 저녁에 아내를 오랫동안 껴안습니다. 손발이 오그라든다고요? 처음에는 좀 그랬지만 이제는 너무나 자연스러운 의식입니다. 이는 심리적으로 큰 효과가 있습니다. 살다보면 힘들 때가 누구나 있지요. 이때 누군가와 말없이 껴안는 것만으로도 큰 위안을 얻을 수 있습니다. 제게는 모닝 허그와 나이트 허그가 아침과 저녁에 하는 충전입니다. 혼자 살아서 껴안을 사람이 없다고요? 걱정 마세요. '버터플라이 허그'라는 것이 있습니다. 이는 한 학회에서 정신과 의사가 발표한 내용인데, 아침과 잠들기 전 혹은 불안한데 마땅히 주변에 껴안을 사람이 없을 때에는 두 손을 교차하여 양 어깨에 대고 자신을 끌어안아도 좋다고 합니다. 물론 가끔씩 만나 서로 안으며 인사하고 기쁘거나 힘들 때 안을 수 있는 친구가 있다면 더없이 좋겠지만요.

제가 하는 또 한 가지 의식이 있습니다. 차 마시기입니다. 아침과 저녁에 중국차를 한 주전자씩, 약 세 컵 정도 마십니다. 한창 목이 아파 몇 주간 기침이 끊이지 않았을 때 평소 알고 지내던 분이 제게 한 시간만 차를 마셔보자고 하더군요. 그를 따라 차를 1리터 정도 마셨는데, 정말 신기하게도 기침이 나았습니다. 그 이후로 차 마시기를 제 리추얼로 삼았습니다. 정신없는 하루를 시작하기 전과 마무리할 때 10~20분 정도 차를 마시면서 마음을 가라앉히면 좀 더 여유롭게 생각에 잠길 수 있습니다.

어떤 의사 결정을 할 때에도 저는 리추얼로 연결할 수 있는가에 대해 생각해봅니다. 은사이기도 한 소설가 김탁환 선생의 추천으로 SBS 라디오의 〈책하고 놀자〉에 출연하게 되었는데요. 프로그램 준비를 위해서 한 달에 적어도 두 권의 책을 읽고 정리해야 했습니다. 처음에는 잘할 수 있을까 걱정이 되어 출연을 망설였지만, 이 프로그램을 하면 제게는 독서라는 훌륭한 리추얼이 생길 수 있다는 생각에 용감하게 도전했습니다.

❸ 레프리의 힘: 심판으로부터 정기적인 검사를 받아야 일이 진행된다

목표를 정해 실천하고 있다면 진행 상황에 대해서 검사할 심판을 두는 것도 좋은 방법입니다. 비용을 지불하고 고용한 전문가(의사, 코치, 학원 선생)도 좋고 신뢰할 만한 동료도 좋습니다. 이들은 숙제 검사만 하는 것이 아니라 잘하고 있다는 격려를 해주고, 때론 피드백도 줍니다. 저도 레프리의 강력한 힘을 경험했습니다. 거의 이십 년 만에 영어 학원을 등록했거든요. 학원비가 3개월에 백만 원 정도 하는 비싼 곳이었습니다. 정작 학원에서 외국인 선생님을 만나 수업을 받는 것은 4회(4시간)뿐입니다. 외국인 선생님과 만나서는 새로운 것을 배우는 것이 아니라 그동안 제가 공부를 얼마나 열심히 했는지 검사를 받고, 궁금한 것에 대해 질문하고 조언을 얻는 정도입니다. 대신 이 선생님과 만나기 위해서는 컴퓨터 앞에 90분짜리 동영상을 3개(4시간 가량)를 들어야 하고, 책에 있는 퀴즈도 역시 3과를 완성해야 합니다(3시간). 선생님과 1시간 만나기 위해서 7시간 이상을 혼자서 공부해야 합니다. 중간에 수시로 학원 직원들이 전화와 문자를 보내 예습을 제대로 하고 있는지 확인하는 압력도 들어옵니다. 선생님과 학원 직원들 같은 레프리의 힘으로 저는 3개월 동안 그 어느 때보다 생산적으로 영어 공부를 했습니다. 지난 이십 년 동안 수많은 영어 교재를 샀지만 이때처럼 한 권을 깔끔하게 마친 적은 처음이었습니다. 앞서 말씀드렸던 정리 컨설턴트 윤선현 대표 역시 제게 중요한 레프리입니다. 한 달에 한 번씩 제 사무실을 방문해 정리를 잘 하고 있는지 체크해주고, 정리 방법에 대해 전문적인 조언을 해주었습니다.[21]

❹ 포모도로의 힘: 집중해야 앞으로 나갈 수 있다

제가 가장 애를 먹는 것 중의 하나가 집중력입니다. 수시로 울리는 전화, 들어오는 문자, 이메일, 페이스북……. 무엇 하나에 집중하기 힘든 환경이지요. 이렇게 편리한 도구들은 실상 우리의 삶을 더욱 복잡하게 합니다. 정보와 미디어 채널이 넘쳐나다 보니 집중력과 생산성은 떨어질 수밖에 없습니다. 2008년 마이크로소프트, 인텔, 구글, IBM 등도 자신들이 만든 기술이 오히려 사람들의 생산성에 방해가 된다는 점을 인정했습니다. 이를 개선하기 위한 비영리기구도 만들었지요. 이들의 조사에 따르면 하루 종일 책상에서 컴퓨터와 씨름하는 미국의 일반적인 사무 노동자의 경우, 하루 50회 이상 이메일을 확인하며, 인스턴트 메시징을 77회, 각종 웹사이트를 40차례 방문하는 것으로 드러났습니다.[22] 2008년에 이 정도였다면, 지금은 더 심해졌겠지요? 트위터에 페이스북에, 매체들이 더 늘었으니까요. 여러분도 리포트를 쓰거나, 책이나 자료를 읽다가 자기도 모르게 이 사이트에서 저 사이트로, 이메일을 보다가 모바일 메신저를 확인하며 "내가 지금 뭐하고 있지?" 하며 되뇌던 경험이 있을 것입니다.

집중력이 심각하게 저하되었을 때, 제가 윤선현 대표로부터 배워 효과를 본 테크닉을 하나 소개합니다. '포모도로 테크닉'이라고 부르는데, 스마트폰으로 무료 앱을 다운로드 받을 수 있습니다. 포모도로 앱은 쉽게 말해 25+5분 타이머입니다. 25분 타이머가 작동하다 벨이 울리고, 그리고 다시 5분간 타이머가 작동합니다.[23] 할 일을 정해놓고 타이머에 맞춰 25분간 집중하고 5분 쉬는 것입니다. 여러분이 하루에 조금씩이라도 책을 읽기로 결심했다고 가정해보겠습니다. 포모도로를 켜놓고, 25분 동안은 절대 책 읽는 것 이외에 다른 것은 신경 쓰지 않겠다고 스스로 약속하십시오. 25분! 금방 끝나는 시간입니다. 전화가 울려도 최대 25분 이후에 다시 전화하면 되니 정말로 급한 상황이 아니라면 받지 마시기 바랍니다. 25분 동안만 집중하고 벨이 울리면, 5분 동안에는 마음껏 인터넷을 보든, 딴짓을 하며 쉬어도 좋습니다. 만약 25분이 오랜 시간으로 느껴지고 집중하기 힘들 경우에는 10분이나 15분으로 줄여도 괜찮습니다. 다만 여기에서 '25분 동안 딴짓 안 하겠다'라고 생각하기보다 '25분 동안 무엇을 하겠다'고 구체적으로 생각하는 것이 도움이 됩니다. 책을 읽겠다든지, 보고서 작성에 집중하겠다든지, 스트레칭을 하겠다든지……. 포모도로를 몇 번만 사용해보면 25분 동안 무엇 하나에 집중하는 것이 얼마나 어려운지 알 수 있습니다. 불과 10~20분 동안 제대로 집중하지 못하는 경우가 흔하거든요. 저도 이 간단한 포모도로 앱에 기대서 집중력 저하를 이겨냈습니다. 앱을 반복적으로 실행하면서 더 집중해서 칼럼이나 리포트를 썼고, 몇 페이지만 펼쳐보고 덮던 책을 끝까지 읽을 수 있었습니다.

타인이 방해할 때는 어쩔 수가 없습니다. 상사가 연락을 하거나 회의를 하자고 부르면 방해가 되지만 일단 그것부터 처리해야겠지요. 언젠가 한 광고회사에서 발표한 내용을 보니 우리나라에서는 휴대폰 문자를 보낸 뒤 몇 분 내로 답이 오지 않으면 상대방이 나를 무시한다고 생각한다는군요. 퇴근 후에 샤워를 하거나 사우나에 갈 때도 비닐봉지에 휴대폰을 넣어 다녀야 하는 '극한 직업'에 종사하는 사람도 분명히 있습니다.

하지만 혼자 있을 때만큼은 집중력을 발휘해야 합니다. 저는 이 책을 쓰는 과정에서 집중의 힘을 뼈저리게 느꼈습니다. 연휴 때 일체의 연락을 끊고 두문불출해서 원고만 썼더니 최고의 생산성을 발휘했습니다. 반면 평소에 업무와 책 쓰기를 병행했을 때는 그 어느 것도 생산적이지 못했습니다. 나를 방해하는 요소들은 너무 많지만 그것들과 거리를 두면서 스스로 집중할 수 있는 환경을 만드는 것이 정말 중요합니다. 그래야 눈에 보이는 성과가 나오니까요. 며칠 혹은 몇 시간까지는 아니더라도 몇 십 분은 집중할 수 있어야지요. 포모도로 테크닉은 이럴 때 큰 도움을 줍니다.

❺ 몰스킨의 힘 : 적어야 실행한다

오해 마시기 바랍니다. 노트 회사 몰스킨과 저는 아무 관계가 없으며, 현재는 다른 브랜드의 노트도 쓰고 있습니다. 단지 고급 노트를 상징하는 의미로 몰스킨을 썼을 뿐입니다. 메모와 기록의 힘은 워낙 많은 사람들이 이야기했습니다. 심리학적으로 놓고 보면 공개적으로 다른 사람들에게 약속하거나 발표하는 것이 스스로 실행에 옮기는 데에 도움이 되듯이, 머릿속에서 결심하는 것보다 종이 위에 내가 해야 할 일을 적는 것 역시 도움이 됩니다. "우리에게 어떤 일이 일어날지 기대하는 것은 실제로 일어나는 일과 관련이 있다." 브라운 의대 정신과의사 월터 브라운이 한 말입니다. 적는 행위는 기대하는 행위를 강화합니다. 제가 읽은 글 중에 이와 관련 흥미로운 것이 있어 소개합니다. 정신과 전문의인 문요한 씨가 자신의 뉴스레터인 에너지 플러스 723호(2013. 12. 11)에 목표 달성에 대한 독일 콘스탄츠 대학교의 페터 골위처 교수의 연구 결과를 소개한 내용입니다.

> 효과적인 방법은 특정 상황에서 목표와 관련한 특정 행동을 할 것이라는 '가상 시나리오'를 미리 적는 것입니다. 예를 들어 퇴근 후 집에 가서 책을 읽는 것이 원하는 행동이라고 한다면 '식사 후 책상 앞에 앉으면 가장 먼저 책을 펴고 한 페이지 이상 책을 읽는다' 라고 적는 것입니다. 그 결과 실행 의도가 담긴 가상 시나리오를 작성하는 것만으로도 실천 가능성이 높아진다는 것을 알 수 있었습니다. 실제 백 명의 대학생들을 대상으로 크리스마스 휴가 기간에 끝내고 싶은 프로젝트 하나를 고르게 하고 두 그룹으로 나누어 실험을 해보

았습니다. 한 그룹은 어떤 상황에서 그 행동을 할지 가상 시나리오를 만들게 하고 다른 한 그룹은 그렇지 않았습니다. 그 결과 시나리오를 만든 학생들은 62퍼센트나 프로젝트를 성공했지만 만들지 않은 학생들은 22퍼센트만이 성공을 거뒀습니다. 세 배가량 차이가 나는 결과였습니다.[24]

할 일을 적는 것이 얼마나 효과적인지 이제 아셨지요? 그런데 이때 노트가 꼭 고급이어야 할까요? 사람마다 생각이 다를 수 있습니다. 제 경우에는 약간의 자기 결박 효과가 필요해서 싼 노트보다는 좀 더 투자해 비싼 노트를 사고, 그 노트를 더 잘 활용하기 위해 노력합니다. 그래서 저는 주위 누군가 새로운 결심을 한다고 하면, 당장 서점이나 문구점에 가서 자신이 살 수 있는 가장 비싸고 좋은 노트를 사서 거기에 그 결심을 적어나가라고 조언하곤 합니다. 하지만 이는 개인의 취향에 따라 결정하면 될 일입니다. 노트에 무엇을 적어야 할까요? 아이디어와 체크리스트[25]를 적습니다. 체크리스트는 되도록 작은 단위로 쪼개어 적는 것이 좋습니다. 마셜 골드스미스의 체크리스트[26]는 이렇습니다.

- 오늘 난 얼마나 행복했나?
- 오늘 하루는 의미가 있었나?
- 하루를 잘 계획하고 실천했나?

- 명상과 긍정적인 생각에 몇 분을 썼나?
- 내가 어찌할 수 없는 일에 몇 분을 허비했나?
- TV나 인터넷 서핑에 몇 분을 소모했나?
- 몇 번이나 화를 내고 공격적인 말을 내뱉었나?
- 별것 아닌 일에 내가 옳다고 주장한 게 몇 번인가?
- 몇 시간이나 잤는가?
- 몇 분이나 걸었나?
- 팔굽혀펴기는 몇 번했나?
- 오늘 몸무게는 몇 킬로그램이었나?
- 아내를 얼마나 챙기고 도와주었나?
- 아이들을 위해 무엇을 했나?
- 고칼로리, 단 음식을 얼마나 먹었나?

비즈니스 코치인 사이먼 레이놀즈는 앞서 말한 리추얼과 체크리스트를 연계했는데, 소개하면 다음과 같습니다.

산업의 전문가가 되기 위한 리추얼[27]

- 매일 _ 업계 책 읽기(20분)/
  업계 전문 잡지, 웹사이트, 블로그 읽기(10분)
- 분기 _ 업계 전문가 한 사람과 커피 마시기
- 연간 _ 업계 세미나나 컨퍼런스 2개 참석하기

이 밖에도 우리는 다양한 체크리스트를 쓸 수 있습니다. 삶의 목표와 직업적 목표를 정리해놓고 아침마다 읽으면서 하루를 시작하는 겁니다. 만드는 데는 시간이 걸리지만, 일단 만들고 나면 읽어보는 데는 5분이 채 안 걸립니다. 게다가 아침에 읽을 때마다 기분이 좋아지지요. 고전이나 직업과 관련된 책을 읽는 시간을 마련하는 것도 좋습니다. 일주일에 25분 정도도 괜찮습니다. 반복하면서 늘리면 되니까요. 또 하나는 건강을 위해서 매일 아침 5분 스트레칭 같은 체크리스트도 좋습니다. 이 역시 매일 반복하다보면 10분, 15분으로 늘어날 겁니다.

급한 것부터, 지금 당장, 오랫동안

버리고 한 가지를 선택하고 지금 시작해야, 그리고 오래해야 성공한다

만약 구체적 목표가 서고 위의 틀 박스 중 한두 가지라도 써보고 싶은 마음이 들었다면 마지막으로 세 가지를 주의하시기 바랍니다. 첫째, 우선순위의 문제입니다. 갑자기 여러 가지를 목표로 삼아 욕심내면 실패 확률이 높아집니다. 정말 지금 당장 급한 것 한 가지만을 선택하십시오. 나머지는 일단 버리십시오. 중년이 되어 배가 나오기 시작했다면 운동과 식사 조절이 시급하고, 이삼 년 뒤 외국에서 일할 꿈을 갖고 있는 건강한 청년 직장인이라면 영어 공부를 바로 시작해야 합니다. 첫 시도에서 작지만 의미 있는 성

공 스토리를 만드는 것이 중요합니다. 앞서 설명한 툴 박스를 활용해 한 가지 목표를 실천하다 보면 자신감과 여유가 생길 테니 그때 제 이, 제 삼의 목표를 만들어서 실천하십시오. 그래도 늦지 않습니다.

둘째, 지금 시작해야 합니다. 내일, 다음 주, 다음 달부터 시작하겠다면 그만큼 가능성이 떨어집니다. 당장 오늘 저녁까지는 목표를 정하고, 노트를 준비하는 등 할 수 있는 것부터 시작하기 바랍니다. 참고로 위의 툴 박스는 순서대로 배열한 것이 아니니 편한 것을 골라 시작하십시오.

마지막으로 엉덩이의 힘입니다. 이는 오랜 시간 지속하여 리추얼을 습관으로 만들고, 많은 시간을 투자해야 결국 목적을 이룰 수 있다는 뜻입니다. 적어도 3주는 먼저 목표를 달성하고, 그러고 나서 3개월, 6개월, 1년 이렇게 늘려보십시오. 목표에 따라 백 시간 이내에 달성되는 것도 있고 1천, 1만 시간이 필요한 목표도 있을 것입니다. 작은 것부터 지속하여 달성하는 경험을 해보시기 바랍니다.

선수로서의 삶을 포기하겠는가?

인터넷과 소셜 미디어에서 정보가 넘쳐나고, 과거에는 접할 수 없었던 전문가들의 의견이나 강의 동영상, 심지어 세계 최고 대학의 강의까지도 무료로 볼 수 있는 시대에 웬만한 기술을 습득하는 방법이나 지식을 얻기는 쉽습니다. 문제는 방법을 아는 것은 가능성의 수준일 뿐이고, 우리는 이를 실행으로 옮겨야 하는데, 게으름과 의지 부족 때문에 혹은 적절한 압박이 없어서 행동으로 옮기지 못합니다. 그러나 우리는 서바이벌 하기 위해 구체적인 기술을 습득하고 집중력 있게 실천해야 합니다. 앞에서 이를 가능하게 하는 다섯 가지 툴 박스를 살펴보았습니다.

공개 약속, 리추얼, 레프리, 포모도로, 몰스킨 등의 툴 박스가 실천을 하도록 도와준다고 하지만, 정말 가능할까? 의심이 들 수도 있습니다. 그 중 한두 가지도 실천하기가 힘든데 어쩌면 좋겠느냐, 그런 툴 박스를 지금 당장부터 실천하도록 해주는 또 다른 툴 박스는 없느냐…….

솔직히 저도 툴 박스를 정리하고 나서 그런 생각이 들긴 했습니다만, 그에 대한 제 생각을 말씀드릴까 합니다. 그런 이유 때문에 툴 박스를 사용하지 않고, 그냥 오늘도 인터넷과 책, 강의 등을 보며 길만 아는 가능성의 상태에 머물면서 지내겠다는 분들에게 저는 더 이상의 해결책은 지금 갖고 있지 않으며, 어쩌면 앞으로도 없을 것 같다고 말하고 싶습니다.

이 글 첫머리에 꺼냈던 재키 로빈슨의 말 "삶이란 관객의 스포츠가 아니다"란 말을 다시 한 번 들려드리고 싶습니다. 아는 것을 실행으로 옮기지 않고 항상 성공한 사람들의 케이스 스터디만

뒤적거린다면 결국 선수로서의 삶은 포기하고 관객의 삶을 살겠다는 뜻일 뿐입니다. 그런 분들에게, 혹은 제가 그런 마음이 들 때 어떻게 해야 할까요? 아마도 이렇게 이야기하겠습니다. 차라리 그럼 마음 편한 관중이 되시라고. 지금으로선 그것 밖에 할 말이 없을 것 같습니다.

필드의 법칙

삶에서 선수들은 과연 어떤 모습일까요?

첫째, 선수는 관중석이 아닌 필드에서 뜁니다. 무슨 말인가 하면 선수들을 보며 '이렇게 했어야 하는데, 저렇게 해야 하는데'라고 비평을 하기보다는 필드에서 뛰면서 비평의 대상이 되는 사람들입니다. 영어에 '먼데이 모닝 쿼터백'이라는 표현이 있습니다. 미식축구 경기는 보통 일요일에 열립니다. '먼데이 모닝 쿼터백'은 경기가 모두 끝난 뒤인 월요일 아침에 이리저리 훈수를 두는 사람들을 가리킵니다. 전략 회의를 하거나 비즈니스 컨설팅을 진행할 때에도 '어제 이렇게 했어야 했다'보다는 '내일 무엇을 할 것인가?'가 중요합니다. 선수로서 삶을 산다는 것은 후회하거나 훈수를 두는 사람들이 아니라 필드에서 뛰면서, 다음 게임을 어떻게 치를지에 대해 고민하는 사람들입니다. 이기면 이기는 대로, 지면

지는 대로 다음 게임을 준비하지요. 데뷔 삼십 년이 되어가는 가수 이승철은 2천 번이 넘는 콘서트를 했고, 지금도 한 해에 서른 번의 콘서트를 한다고 합니다. 직업 세계에서 선수들은 자신의 필드가 어디인지를 알고 거기에서 계속 경기를 합니다. 이승철의 필드가 콘서트이듯이 말이죠.

'1만 시간의 법칙'을 저는 '필드의 법칙'이라는 말로 재해석합니다. 필드에서 뛴 시간이 쌓여야, 그리고 계속 필드에서 뛰어야 전문가가 될 수 있다는 의미입니다. 제가 선수로 뛰는 필드는 고객과의 대화입니다. 그 자리에서 저는 비즈니스상의 위기 커뮤니케이션이나 리더십 커뮤니케이션에 대한 실질적인 고민을 청취하고 해결책을 제시합니다. 고객들이 저를 더 이상 고민을 털어놓는 대화 상대로 불러주지 않으면, 저는 선수로서의 삶에 큰 치명타를 입게 되겠지요.

또 다른 필드는 워크숍입니다. 저는 컨설팅을 할 때 주로 워크숍을 활용해 고객과 함께 해답을 이끌어냅니다. 제가 즐겨 쓰는 방식입니다. 또한 전 세계의 고수들이 진행하는 워크숍에 참여해서 새로운 방식을 배웁니다. 그렇게 해야 제 고객들에게도 늘 새로운 방식으로 컨설팅을 제공할 수 있는 것이죠. 그러니 지속적으로 워크숍을 진행하거나 워크숍에 참가하지 않으면 이 분야에서 제가 선수로 살기는 힘듭니다.

작가로서 저는 아직 후보 선수입니다. 신문이나 잡지에 글을 쓰기 시작한 지는 좀 되었지만, 책을 쓰는 작가로서는 초보자니까요. 하지만 앞으로 커뮤니케이션 컨설턴트로서 작가가 되고 싶은 꿈을 갖고 있습니다. 작가가 되기 위해 지면과 책을 필드로 정했습니다. 우선 지속적으로 칼럼을 쓰고, 책 한 권을 구성하고 완성하기 위한 노력도 계속하고 있습니다.

작가로서 또 하나 제게 중요한 필드는 조언을 듣는 자리입니다. 초보 작가인 저는 좋은 편집자들을 만나게 되면 많은 질문을 던집니다. 특히 제 글을 읽어본 편집자들에게 되도록 많은 피드백을 구하고, 제가 어떻게 하면 더 좋은 작가로 성장할 수 있는지 조언을 적극적으로 청하는 편입니다. 더 나아가 저보다 앞서 훌륭한 작가로 활동하고 계신 분들께도 조언을 구합니다. 소설가인 김탁환 작가에게는 특히 글쓰기에 대해 질문을 많이 합니다. 제게 많은 조언을 해주는 감사한 분입니다.

익숙한 것과의 결별

둘째, 삶에서의 선수들은 안전함과 익숙함에서 끊임없이 벗어나려고 합니다. 만약 우리가 어떤 일이 익숙하고 편안하다면, 그것은 숙련되었다는 의미인 동시에 더 이상 발전이 이루어지지 않고 있는 상태라는 뜻입니다. 무엇인가를 더 배우지 못하고 있는 것이지요. 2013년 조용필이 굳이 십 년 만에 19집 음반을 발표할 필요가 있었을까요? 돈도 많고 명예도 있는데 새로운 음반을 발표했다가 좋은 평가를 못 받으면 괜한 고생을 한 셈이니까요. 하지만 그는 도전했습니다. 다행히 음반은 열광적인 반응을 얻었습니다만, 제가 보기에는 그 음반이 설령 성공하지 못했더라도 발매만으로 충분히 의미가 있었을 것입니다. 대중의 반응을 보고 분명 배우는 것이 있을 테고 그로 인해 또 새로운 방향을 추구할 동력을 얻었을 테니까요.

스포츠에서 이기기 쉬운 상대하고만 게임을 한다면 발전할 수 없습니다. 우리 삶도 마찬가지입니다. 제가 컨설팅회사에서 일할 때였습니다. 당시 저는 부사장으로 캐나다 출신의 사장과 함께 일했습니다. 그가 외국인 CEO의 메시지 트레이닝을 할 때 저는 보조 역할을 맡았습니다. 언젠가 사장이 제게 영어로 트레이닝을 직접 진행해보겠느냐고 묻더군요. 솔직히 자신이 없었습니다. 4시간 동안 끊임없이 외국인 CEO와 1:1로 토론을 하며 진행되는 세션이기 때문이었죠. 결국은 못하겠다고 했습니다.

그러다 미국인 동료들과 함께 컨설팅을 진행하게 되었습니다. 그때 고객사에 아시아 지역의 대표로 취임하게 될 미국인이 있었습니다. 우리 팀에서 아시아 출신이 저 혼자였기 때문에 제가 나서서 그의 메시지 트레이닝을 맡았습니다. 완벽한 영어를 구사하는 것은 아니지만 정작 그 상황이 닥치니 무사히 트레이닝을 마치게 되더군요. 2007년에 1인 기업으로 독립하고 나서는 그때의 경험이 바탕이 되어 보다 적극적으로 외국인 CEO나 임원과의 코칭 및 워크숍 등을 추진하게 되었고, 미국은 물론 호주, 브라질, 영국, 캐나다, 프랑스, 독일, 인도, 네덜란드, 남아프리카, 대만 출신의 CEO와 임원들을 위한 세션을 진행하고 있습니다. 그때 사장의 보조 역할에 안주해 새롭게 시도하지 않았다면 가능하지 않을 프로젝트들이었습니다. 한순간의 결정이었지만 이후 제 궤적에 큰 영향을 미친 것이죠.

앞서 레프리의 힘을 설명하면서 영어 학원에 대해 말씀드렸는데요. 거의 이십 년 만에 영어 학원을 다닌 이유가 있습니다. 우연한 기회에 국제회의에 나가 토론에 참여하게 되었거든요. 관객 앞에서 전 세계에서 온 리더들과 나란히 앉아 토론한다는 것은 정말 낯선 경험이었습니다. 영어로 토론을 하며 공격을 받아낸다는 것도 쉽지 않았고요. 결국 그날 저는 풀이 죽은 채 무대를 내려왔습니다. 그러고 나니 영어를 좀 더 잘해야겠다는 생각이 들더군요. 제게는 익숙지 않아 불안했던 무대에 올라 결국 깨졌지만, 그 경험을 통해 또 한 발 더 나아갈 여지를 발견했습니다. 만약 제가 그 무대에 올라가지 않았다면 이 나이에 다시 영어 학원에 등록하는 일은 없었을 겁니다.

익숙함에 안주하는 또 다른 형태는 한 직장에서 오래 일하는 것입니다. 오해 마시기 바랍니다. 한 직장 안에서도 끊임없이 도전하며 성취를 이루는 이들도 많습니다. 저는 그렇지 못한 이들을 얘기하는 겁니다. 새로운 직장이나 프로젝트 같은 기회에 도전하지 않고 소극적으로 지내는 사람들이죠. 이렇게 되면 결국 직장을 떠나서 홀로 독립하기는 매우 어렵습니다. 이런 분들은 기회를 찾아나서는 적극성이 필요합니다. 회사 내부에서든 외부에서든 늘 새로운 것을 접하고 도약의 발판을 찾아야 하는 것이죠.

'매일'의 힘

마지막 세 번째는 자기 훈련과 자기통제입니다. "목을 쉬면 노래를 할 수 없게 된다. 가수의 생명은 목소리 밝기를 떨어뜨리지 않고 유지하는 거다. 운동을 통해서 지속적으로 몸을 단련시키고 연습을 해야 한다"[28] '가왕'이라는 타이틀을 가진 가수 조용필이 한 말입니다. 선수들은 자신에게 엄격합니다. 매일 연습을 거르지 않지요. 운동선수는 매일 운동으로 몸을 다지고, 가수는 매일 노래를 불러 가창력을 유지합니다. 삶의 선수인 우리들도 자기 분야에서 매일 연습하는 것이 있어야 합니다. 연예인이 소속사에 출근하는 것만으로 연습이 되는 것이 아니듯, 직장인도 직장에 나가는 것만으로 연습을 하는 것은 아닙니다. 자신의 전문성을 발전시키기 위해 매일 행동으로 옮겨야겠지요. 자기 분야의 잡지나 책, 인터넷을 통해 끊임없이 정보를 업데이트를 하는 것이 될 수도 있고, 매일 글쓰기가 될 수도 있으며, 일기를 통해 돌아보는 시간을 가지는 것이 될 수도 있습니다. 또한 자기통제가 필수입니다. 저도 가장 힘들어 하는 부분입니다. 매일 운동을 해야 함에도 피곤하다는 핑계로 미루는 경우가 다반사입니다. 운동과 건강관리 측면에서는 아직 갈 길이 멀지요. '술도 꾸준히 마셔야 는다'라는 말이 있는 것처럼 전문성을 발전시키고 싶은 분야에 있어서는 우선순위를 정해놓고 매일 꾸준히 하는 것이 필요합니다.

결국 선수란 매일 자기 훈련을 하며, 끊임없이 익숙함을 벗어나 새로운 시도를 하고, 필드에서 뛰는 사람들입니다.

나만의 서바이벌 키트 만들기 2

2장의 핵심을 한 마디로 말하면 '할 수 있다'라는 가능성의 상태에 머물지 말고, '했다'라는 상태로 옮겨가야 서바이벌 할 수 있다는 것입니다. 그러기 위해 공개 약속, 리추얼, 레프리, 포모도로, 몰스킨 등 다섯 가지 도구를 소개했습니다. 여기에서 여러분이 시도해볼 수 있는 것이 있습니다. 'I Did Checklist'를 만들어 보는 것입니다. 저 역시 수개월 동안 실행했던 것입니다. 서로 마음이 맞는 사람이 있다면 함께 만들어서 매일 혹은 매주 서로 확인할 수 있습니다. 물론 벌칙도 있어야 합니다. 제 경우에는 I Did Checklist를 구글 공유 문서상에 엑셀로 만들어 놓았습니다. 저는 매일 해야 할 일을 세 가지로 최소화했습니다. 너무 욕심을 부리면 안 되기 때문이지요. 운동 25분, 논문 쓰기 25분, 독서 25분. 그리고 저와 친한 후배 한 사람도 역시 자신만의 리스트를 만들어서 공유합니다. 그리고 매일 25분을 하면 1, 50분을 하면 2, 이렇게 적어갑니다. 주말과 공휴일에는 휴식 시간으로 두고 체크리스트를 작성하지 않습니다. 하루에 이 세 가지를 최소 1회라도 하지 않았을 경우에는 1만 원의 벌금을 냅니다. 하지만 두 사람이 워낙 친하기 때문에 서로 봐줄 수 있는 여지가 있어서 저희는 제

I DID CHECKLIST				
1 Unit = 25분	운동	논문	독서	기타
9월 3일 /월				
9월 4일 /화				
9월 5일 /수				
9월 6일 /목				
9월 7일 /금				

삼자를 레프리로 섭외했습니다. 이 레프리는 매주 한 번씩 우리 두 사람의 체크리스트를 확인하고 벌금을 징수합니다. 이렇게 모인 돈은 정기적으로 기부를 하도록 정했습니다. 여러분께서도 I Did Checklist를 만들어보시면 어떨까요? 레프리나 함께할 동료를 정해보시는 것도 좋겠습니다. 그리고 벌금도 정해보시고요. 돈이 아깝다구요? 매일 하면 아무런 돈도 들지 않습니다!

Survival Kit 3

관계

r e l a t i o n s h i p

행복을 위해서는 친구가,
성공을 위해서는 아는 사람이
필요하다

"친구를 만들기 가장 좋은 때는
당신이 그들을 필요로 하기 전이다."

- 에델 배리모어

나는 어떤 사람들에게 둘러싸여 있는가

페이스북은 묻습니다. 당신과 연결되어 있는 그 페친이 진짜 친구인지, 아니면 그냥 아는 사람인지. 트위터에는 두 종류의 사람이 존재하지요. 나만 혼자서 팔로잉하는 사람과, 서로 팔로잉하는 사람. 일하면서 명함을 주고받은 이가 있고, 정을 주고받은 이가 있습니다. 이렇게 수많은 관계로 연결된 세상에는 크게 보면 세 부류의 사람이 존재합니다.

- **친구 _** 단순히 페이스북이나 트위터에서 연결된 친구 말고, 진짜 친구 말입니다. 열 받거나 슬픈 일이 있을 때면 언제든 전

화해서 술이라도 한 잔 하며 같이 욕이라도 할 수 있는 그 친구. 종종 친구들은 어떤 의미에서 가족보다 더 가깝습니다. 가족에게 못하는 이야기를 나눌 때도 있으니까요.

• **아는 사람 _** 친구와 아는 사람의 일반적 차이점은 반말을 쓰는 사이냐, 아니면 존댓말을 쓰는 사이인가입니다. 언니나 형, 동생 하는 사이인지, 아니면 '박 대리님', '신 차장님' 하는 사이인지를 보면 알 수 있습니다. 함께 식사하고 서로 돈 내겠다고 정겨운 실랑이를 하는 사이는 사실 정이 있는 사이라기보다는 보통 그냥 아는 사람일 가능성이 많습니다. 친구에게는 보통 별일도 없으면서 연락을 하지만, 아는 사람에게는 별일이 있어야 연락을 할 수 있습니다. '그 친구, 별로 안 친한 친구예요'라고 말할 때도 있지만, 안 친한 친구라고 말하는 사람은 그냥 아는 사람입니다. 아니면 싫어하는 사람이거나.

• **기타 부류 _** 여기에는 세 가지 타입이 있습니다. 첫째, 만난 적 있으나 기억나지 않는 사람. 그만큼 서로에게 만날 이유나 연락할 필요가 없었을 것이고, 따라서 시간이 지나면 잊게 됩니다. 둘째 연결되어 있으나 모르는 사람 혹은 연결되어 있으나 만나보지 못한 사람입니다. 같은 학교 동창이라고 해서 모두 친구이거나 아는 사람은 아니죠. 동창회 명부를 통해 연결되어 있지만, 모르는 사람이 훨씬 많습니다. 이 부류는 소셜 미디어로 인해 엄청나게 많아졌는데, 페친이나 트친 리스트를 보다 보면 이런 사람들이 상당수입니다. 마지막으로 만나보지도 못했고, 모르는 사람입니다.

뭐, 더 큰 설명이 필요 없는 부류입니다.

내 삶에서, 내 생존에서, 친구와 아는 사람의 차이는 무엇일까요? 그리고 이들과 더불어 어떻게 살아야 할까요? 결론을 미리 말씀드리자면, 우리 삶에서 친구와 아는 사람 두 부류 모두 다른 방식으로 중요합니다.

진정한 친구

내 편이면서 가상의 적

대학을 졸업했을 때, 제 몸무게는 70킬로그램이었습니다. 공군 학사장교로 입대하여 5개월 군사 훈련을 마쳤을 때는 60킬로그램이 되어 있었습니다. 40개월이라는 기나긴 군 생활을 마칠 무렵, 군복이 점차 타이트해진다는 느낌이 들었습니다. 제대하고 이십 년이 훌쩍 지난 지금은 80킬로그램이 넘었습니다. 몸이 이렇게 불어가니 외관상으로 보기 좋을 리가 없건만, 대부분의 사람들은 보아도 모른척하거나 "딱 보기 좋으십니다"라고 인사를 건넵니다. 저 역시 다른 아는 사람들에게 마찬가지로 대합니다. 가끔 만나서 "멋지시네요" 또는 "예쁘시네요"라고 인사를 합니다. 괜히 상대방의 단점을 이야기해 감정을 건드릴 필요가 없기 때문이지요. 찍히고 싶지도 않고요. 하지만 제 친구 두세 명은 "너 이게 뭐냐!", "어쩌다 이렇게 됐냐" 하며 지적을 해주었습니다. 보다 못한 한 친구는

6개월 넘게 저를 주말마다 괴롭히며 달리기를 시켰고, 그 덕분에 5백 미터도 헉헉거리던 제가 10킬로미터 마라톤을 세 번이나 완주했습니다.

사실 진정한 친구가 되기 위해서는, 단순히 내 편이라는 조건만으로는 부족합니다. 직장 생활을 하다 보면 상사가 무엇을 하든 부하 직원은 모두 "좋으십니다", "잘하셨습니다"라고 말하기 마련입니다. 이러한 관계는 친구라기보다는 그저 직장 내 상하간의 관계일 뿐입니다. 그저 아는 사람보다는 조금 더 친분이 있을 뿐이지요. 항상 칭찬과 덕담만 주고받는 진정한 친구란 존재하지 않습니다.

"호, 당신이 틀렸네!"

저를 지도했던 호주인 코치가 한 말인데 지금도 잊을 수가 없습니다. 당시 저는 그에게 리더십 코칭을 받고 있었습니다. 그는 우선 제 리더십 스타일을 진단하기 위해 저와 일한 경험이 있는 동료, 상사, 부하 직원 10여 명을 대상으로 설문지를 돌렸습니다. 저도 같은 설문지에 답을 했습니다. 다른 사람들의 평가와 제 평가가 거의 일치했지만 차이가 큰 부분도 있더군요. 결과를 보고 제가 "역시 남들은 저를 잘 이해 못 하네요"라고 말하자, 그 코치는 한 치의 망설임도 없이 제가 틀렸다고 했습니다. 어리둥절한 제가 "그럼 남들이 저를 더 잘 이해한단 말인가요?"라고 되묻자 그렇다고 답하더군요. 그때 정신이 번쩍 들었습니다. 아마 직장 생활을 하면서 가장 놀랐던 때였을 겁니다. 저와 가까이서 일한 사람들이 제 모습을 더 정확히 알고 있다는 사실을 그때서야 처음 알았습니다.

마셜 골드스미스는 "(나에 대한) 진실은 다른 사람의 평가에서 나온다"고 말했습니다[29]. 누구나 자기만이 아는 비밀이 있습니다. 그래서 남들이 나를 몰라준다고 생각하지요. 하지만 반대로 남들에게는 훤히 다 보이지만 나는 애써 외면하거나 보지 못하는 측면이 있습니다. 눈은 외부를 향해 있기에 나는 스스로를 쳐다볼 수 없지만 내 친구나 동료는 나를 바라봅니다. 다른 사람들 앞에서 발표를 했을 때, 정말 잘했는지 아닌지는 제 발표를 보고 들은 청중이 더 잘 압니다. 다만 대다수의 청중은 "잘하셨어요"라고 말할 뿐 진실을 이야기하지 않습니다. 굳이 불편한 이야기를 할 필요가 없으니까요. 내가 팔자걸음을 걷는지, 남들을 어떻게 대하는지, 이런 것들은 타인이 훨씬 더 잘 압니다. 생각해보면 상식적인 진리인데 저는 그때까지 까맣게 몰랐습니다.

진정한 친구는 이럴 때 거울 역할을 해줍니다. "너 살 많이 쪘어. 건강에도 안 좋고, 보기도 안 좋아"라고 과감하게 말해주고, 더 나아가 함께 산책을 하거나 뛰기도 합니다. 제가 잘못을 하면 "이런 행동은 이기적이야"라고 이야기하고, 어떻게 하는 것이 더 좋을지 충고해줍니다. 내가 없는 자리에서 나오는 나에 대한 이야기가 내 실제 평판이지요. 그 속에는 불편한 진실이 끼어 있곤 합니다. 진정한 친구는 내가 그 불편한 진실과 마주할 수 있게 도와

줍니다. 일부러 쓴소리를 하는 가상의 적이 되어주는 것이죠. 더 나아질 수 있도록 격려도 해주고요. 이런 친구는 한두 명이면 충분합니다.

나라별로 친구와 관련된 속담들이 많이 있습니다. “아는 사람은 많이 갖더라도 친구는 조금만 가져라”(영국), “친구와 책은 좋은 것을 조금만 가져라”(스페인), “친구 없이 살기보다는 죽는 편이 낫다”(중국), “벗 없이 사는 인생은 죽은 인생이다”(스웨덴). 이러한 속담들을 종합해보면 진정한 친구란 삶에서 반드시 필요하지만, 많이 가질 수는 없는 것입니다. 사실 모든 것이 그렇지요. 정말 중요하고 참된 것은 수량이 제한적입니다. 저는 이 점을 곱씹어보게 됩니다. 주위에 물어보니 대부분 진정한 친구로 세 명 정도를 꼽더군요. 최대한 많이 잡아도 다섯 명 정도일 겁니다. 어쨌든 우리가 친구라고 부르는 많은 사람들이 모두 진정한 친구이기는 힘듭니다. 좋고 나쁘고를 떠나 누구나 마주하는 현실이지요.

그렇다면 누가 나의 진정한 친구이고, 나는 누구에게 진정한 친구일까요? 여기에는 두 가지 요소가 있습니다. “곤란할 때의 벗이 참다운 벗이다”라는 영국 속담도 있지요. 내가 곤란해졌을 때 누가 나의 진정한 친구인지를 알 수 있습니다. 이럴 때 진심으로 슬픔을 나누어주고, 도움을 주려는 친구가 진정한 친구이겠지요. 아무 때나 전화하거나 만나서 속상한 마음을 털어놓을 수 있는 상대 말입니다. 예의상 들어주는 것 말고요.

종종 이런 경우를 봅니다. 자신이 곤란에 처해서 이곳저곳에 연락을 해보았는데, 다들 의례적인 인사만 하고 정작 도움은 주지 않는다고 탓하는 경우 말입니다. 심지어는 헛살았다고 한탄하기도 합니다. 하지만 다시 생각해볼 필요가 있습니다. 어려울 때 친척들도 선뜻 도움을 주기 힘든 것이 현실입니다. 형제나 자매도 자신의 가정을 꾸리고 나면 자기 뜻대로 도움을 주기가 어렵죠. 가족을 제하고 나면 진심으로 함께 슬퍼하고 도움을 줄 수 있는 사람은 소수입니다. 그렇지만 그런 사람이 한두 사람만 있어도 우리는 충분히 삶의 보람을 느낄 수 있습니다.

내가 누군가에게 진정한 친구인가를 알아보는 방법에 대해 저는 반대로 생각합니다. 친구에게 좋은 일이 생겼을 때, 내 마음속에서 어떤 반응이 나오는지를 살피는 겁니다. 친구가 승진하거나 출세하거나, 아니면 친구에게 좋은 일이 생겼을 때, 마음속에서 진심으로 기쁜가요? 아니면 별로 말을 꺼내고 싶지 않거나 질투심이 생기나요? 만약 후자라면 나는 그에게 진정한 친구가 아닐 가능성이 높습니다. 저는 타인의 아픔에 공감하는 것보다 타인의 행복과 성공을 진심으로 축하하는 것이 더 힘들다고 생각합니다. 얼마 전 승진한 친구의 문자를 받고 진심으로 기뻤던 적이 있습니다. 제겐 둘도 없는 친구였지요. 물론 승진한 친구에게 축하 인사를 건네는 내 자신이 어색하게 느껴지는 때도 있는데, 이는 제가 그 친구에게는 진정한 친구까지는 아니기 때문입니다.

저도 이 글을 쓰면서 돌아보게 됩니다. 내가 어려울 때 진심으로 나의 이야기를 들어주었던 친구가 누구인가? 친구가 어려울 때 진심으로 내가 그의 이야기를 들어주었던 친구는 누구인가? 또한 친구의 성공에 진심으로 기뻐했던 적은 언제인가? 나의 성공에 진심으로 기뻐했던 친구는 누구인가? 앞으로도 평생 이렇게 지지하고 응원하는 마음을 주고받으며 살 수 있는 친구가 누구인가?

저도 한때 친구를 많이 만들려고 노력한 때가 있었습니다. 하지만 앞서 말씀 드린 것처럼 결론은 이렇습니다. 결국 '가장 친한 친구'란 논리적으로는 한 명이며, 현실적으로는 많아야 두세 명일 뿐이라고. 유시민 씨가 《어떻게 살 것인가》 강연에서 이런 말을 하더군요. "살면서 나를 있는 그대로 봐주고 좋아해주는 친구가 세 명만 있다면 충분하고 행복한 것이다." 그리고 더 중요한 말을 덧붙였습니다. "과연 세 명의 친구에게 있는 그대로 바라보고 좋아해주는 사람이 되었느냐." 긴 여운을 남긴 말이었습니다. 삶에서 진정한 친구가 필요하다는 말은 동시에 내가 다른 친구에게 얼마나 진정한 친구가 되고 있는가의 문제니까요.

친구가 많을 필요는 없습니다. 각자에게 주어진 시간과 공간 같은 물리적 자원이나, 다른 사람에게 쏟을 수 있는 관심과 애정 같은 감정 자원은 매우 제한적입니다. 많은 사람에게 친절할 수는 있지만 모두에게 깊은 애정을 동등하게 쏟을 수는 없습니다. 많은 사람과 페이스북에서 연결할 수는 있지만, 그들 모두와 긴 시간을 보내며 관심을 표현할 수는 없습니다. 영국의 인류학자인 로빈 던바는 인간의 인지적 능력을 고려할 때, 한 사람이 유지할 수 있는 사회적 관계는 150명이라고 제시했습니다. 이것이 유명한 '던바의 수'[30]입니다. 사랑하는 연인을 만나고, 진정한 친구를 만나는 것이 삶에서 행운인 이유는 다른 그 어떤 누구보다도 나와 더 많은 시간을 보내주고, 같은 공간에서 있어주며, 더 큰 관심을 주고받는 상대를 만나는 일이 드물기 때문입니다. 이러한 상대가 오래 동안 없으면 외롭거나 우울해지고, 심각한 경우 일상생활을 제대로 유지하기 힘듭니다. 그러니 우리는 서바이벌 키트에 진정한 친구를 꼭 갖추고 있어야 합니다. 나의 행복을 위해서 말입니다.

아는 사람

친구 못지않게 이들이 중요한 이유

우리 삶에서 만나는 대다수는 아는 사람입니다. 하지만, 이들의 존재도 친구 못지않게 중요합니다. 이 중요성은 세계적인 사회학자인 마크 그라노베터가 쓴 논문 '약한 연대의 강력한 힘(The Strength of Weak Ties)'을 통해 알려졌습니다. 이 논문은 사회학 역사상 가장 영향력 있는 것 중 하나로 꼽히며, 소셜 미디어로 인한 네트워크가 중요한 화두로 떠오르면서 삼십 년이 지난 지금까지도 널리 읽히고 있습니다.[31]

그의 논문에는 매우 흥미로운 실험이 등장하는데요. 새로운 직장을 구한 사람들에게 일자리 정보를 준 사람과 어떤 사이였는지, 얼마나 자주 만나는 사람이었는지를 직접 만나서 물었습니다. 누가 일자리 정보를 줬을까요? 친한 사람이었을까요? 놀랍게도 결과는 반대였습니다. "직장에 대한 정보를 누가 주었는가?"라는 질문에 많은 응답자들이 "친구 말고, 아는 사람"이라고 답했다고 합니다.

논문을 더 자세히 살펴볼까요. 그는 일주일에 최소 두 번은 만나는 사람을 '자주', 일 년에 한 번을 초과하거나, 한 주에 두 번 미만 만나는 경우를 '어쩌다', 그리고 일 년에 한 번 혹은 그 이하를 '거의 만나지 않는다'로 구분했습니다. 강한 연대라고 볼 수 있는 '자주'에 속하는 사람으로부터 새로운 직장에 대한 정보를 얻은 경우는 16.7퍼센트에 불과했습니다. 55.6퍼센트는 '어쩌다' 만나는 사람으로부터, 27.8퍼센트는 '거의 만나지 않는' 사이로부터 얻었습니다. 저 역시 최근 동료들과 모인 자리에서 간이 설문 조사를 해보았는데, 소수만이 '자주' 만나는 친구나 동료로부터 직장에 대한 정보를 얻었다고 답했습니다.

왜 이런 결과가 나올까요? 그라노베터에 따르면, 자주 보는 사람보다는 어쩌다 보거나 거의 보지 못하던 사람으로부터 새로운 정보를 얻을 가능성이 높습니다. 곰곰이 생각해보면 쉽게 이해할 수 있습니다. 사무실 동료들과는 가족보다 더 많은 시간을 함께 보냅니다. 일주일에 무려 닷새씩이나요. 이들은 모두 같은 산업, 같은 회사, 같은 부서의 사람들이죠. 이들에게서 새로운 아이디어나 정보를 얻기란 좀처럼 쉽지 않습니다. 그가 아는 것이나 내가 아는 것이 크게 다르지 않고, 그가 짜낸 아이디어는 나도 언젠가 생각해본 것일 가능성이 매우 높을 테니까요. 그러니 직장 동료들과 브레인스토밍 회의를 백날 해봐야 별다른 아이디어가 안 나오는 겁니다.

하지만 일 년에 한두 번 만나는 사이에서는 이야기가 달라집니다. 그가 알고 있는 정보가 나에게 새로운 것일 가능성이 높습니다. 저는 2008년 카이스트 문화기술대학원에 입학해 이러한 효과를 절실하게 경험했습니다. 교수진의 면면은 정말 다양했습니다. 소설가, 물리학자, 음악가에 컴퓨터 공학자까지. 입학한 학생들도 마찬가지였습니다. 저와 같은 인문사회학 전공, 과학과 기술 분야, 그리고 예술 분야 학생들이 골고루 섞여 있었습니다. 제가 평생 가야 한 번 만나 이야기 나누어보기 힘든 다른 세상 사람들과 한 공간에서 수업을 들었습니다. 제 박사 논문을 지도하는 교수 다섯 사람의 전공도 모두 다릅니다. 제 지도교수는 뇌과학을 전공한 물리학자이고, 나머지 네 명은 인지뇌과학, 심리학, 전산학, 커뮤니케이션학 등을 전공한 전문가입니다. 학부에서 인문학인 불어와 철학을, 석사과정에서는 사회과학인 커뮤니케이션을 전공한 제가 이곳 공대에서 다양한 전공의 사람들과 어울릴 기회를 가진 것은 대학원에서 누릴 수 있는 최고의 가치였습니다. 그들에게는 평범한 정보나 생각이 제게는 새로운 지식이자 좋은 아이디어로 다가왔으니까요.

친구와 아는 사람은 다른 이유에서 모두 중요합니다. 친구, 가족과 같은 강력한 연대는 새로운 정보나 아이디어를 주지 못하더라도, 마음의 평화와 행복을 줍니다. 외로울 때 옆에 있어주고, 힘들 때 손을 잡아줍니다. 《당신의 인생을 어떻게 평가할 것인가》를 쓴 클레이튼 크리스텐슨은 사람들이 가족과의 관계에 대한 투자를 뒤로 미뤄도 된다고 안심하는 경우가 있는데 이는 엄청난 불행의 시작이 될 수 있음을 경고합니다.[32] 아는 사람 혹은 약한 연대 역시 무시할 수 없습니다. 커리어에서 새로운 기회를 얻고 싶고, 새로운 아이디어를 갖고 싶다면 약한 연대와도 정기적으로 접촉해야 합니다. 하지만 아는 사람은 내가 힘들 때 쉽게 도움을 요청할 수 있는 대상은 아닙니다. 그러니 아는 사람들, 즉 약한 연대로부터 외로움을 해결하거나 깊은 우정을 기대하지는 않는 것이 좋습니다. 상처만 받을 수 있으니까요. 깊은 우정은 모든 사람과 나누는 것이 아니며, 가능하지도 않습니다.

약한 연대의 강력한 힘

흔히 처세술에서 말하는 네트워킹을 잘한다는 뜻은 무엇일까요? 그라노베터의 논문 내용을 이용해 이야기해보면 약한 연대에 있는 사람들에게 일 년에 단 한 번이라도 특별한 용건이 없는 상태에서 연락한다는 의미라고 볼 수 있습니다. 네트워킹을 잘하는 사람들은 약한 연대에 있는 사람들에게 연락할 만한 이유를 잘 찾아냅니다. 제게 비즈니스 기술을 친절하게 알려준 상사는 매주 한 시간 정도는 평소 열어놓던 사무실 문을 닫고, 약한 연대에 있는 사람들에게 안부 인사를 전하거나 도움이 될 만한 정보를 보내주곤 했습니다. 당장 이익이 될지 아닌지는 따지지 않았습니다. 그렇게 해둔 것이 비즈니스에서 더욱 큰 자산이 되었고, 그는 여전히 전 세계적으로 잘나가는 비즈니스맨입니다.

생각해보세요. 매일 만나는 사람들과의 교류는 정말 편합니다. 그렇지만 그냥 조금 아는 정도의 사람들에게 일 년에 한 번씩이라도 꾸준히 연락을 하고, 차 한 잔 나누기란 말처럼 쉽지 않습니다. 그러나 자주 만나는 사람들과만 지내다 보면 새로운 아이디어나 정보를 얻을 가능성은 현저히 줄어듭니다. 페이스북과 트위터가 엄청나게 많은 약한 연대를 가능하게 하고 말 한마디라도 주고받기 쉽게 만든 것은 부인할 수 없습니다. 하지만 페이스북과 트위터를 통해 얼마나 의미 있는 대화를 나눌까요? 소셜 미디어 시대에 직접 얼굴을 맞대고, 차 한 잔을 하며 대화를 나누어야 하는 중요성은 오히려 더욱 커지고 있습니다.

저는 살아가면서 약한 연대의 도움 없이는 성취를 이루기가 어렵다는 점을 새삼 깨달았습니다. 그라노베터의 논문이 저에게 준 선물이지요. 컨설턴트로서 살아오던 저는 제가 경험한 것을 글로 쓰고 싶다는 욕망을 갖고 있었습니다. 하지만 유명인도 아닌 제게 청탁을 하는 곳은 없었습니다. 하지만 2009년경부터 신문과 잡지 등에 비교적 활발하게 글을 쓰게 되었는데요. 돌아보면 여러 사람들의 도움이 있었습니다. 〈동아비즈니스리뷰〉에 2년간 제 전문 분야인 '위기관리 트레이닝'이라는 제목으로 칼럼을 연재할 수 있었던 것은 당시 한 외국계 경영 컨설팅사의 팀장이 담당 기자를 만난 자리에서 우연히 저를 떠올리고 필자로 추천해주었기 때문이었습니다. 중앙 〈이코노미스트〉에 사과에 대한 칼럼을 공저로 연재하고 2011년 《쿨하게 사과하라》는 책까지 출간할 수 있었던 것은 대학원 지도교수인 정재승 교수의 도움이 없었다면 어려웠겠지요. 〈1/n〉이라는 계간 잡지에 '사이의 기술'이라는 칼럼을 연재할 수 있었던 것, SBS 라디오의 〈책하고 놀자〉라는 프로그램에서 '김호의 서바이벌 키트'라는 코너에 출연할 수 있었던 것은 소설가 김탁환 작가의 추천 덕이었습니다. 〈1/n〉에 실린 제 칼럼을 보고 연락을 주었던 푸른숲 출판사의 김수진 부사장은 저를 딱 한 번 만난 상태에서 〈한겨레〉에 추천을 해주었고, 그 덕에 저는 무려 만 4년 동안 '김호의 궁지'라는 칼럼을 썼습니다. 고객사의 한 팀장은 저를 〈조선일보〉 위클리비즈에 소개해주었고, 이를 계기로 또 새로운 칼럼 기고를 시작했습니다. 이런 과정에서 보이지 않게 힘이 되어준 분들도 더 많이 계십니다. 여러분도 자신이 과거에 이룬 크고 작은 성취를 되돌아보고, 그 성취 뒤에 직간접적으로 도움을 준 많은 분들이 있다는 점을 다시 한 번 생각해보기 바랍니다. 물론 앞으로도 우리는 계속해서 많은 이들의 도움을 받아야 합니다. 동시에 잊지 말아야 할 것은 우리도 다른 사람의 성취에 여러모로 도움을 주어야 한다는 점입니다. 그 이유는 바로 뒤에 운과 연관 지어 설명하겠습니다.

어떻게 영향력을 키울 것인가

영향력에 대한 연구 분야에서 가장 영향력 있는 사회심리학자이자 밀리언셀러 《설득의 심리학(원제: Influence)》의 저자 로버트 치알디니는 지난 육십여 년 동안 심리학이 밝혀낸 영향력의 비밀을 이렇게 털어놓았습니다. 평균적인 사람들은 남들이 나에게 베풀면, 나도 그들에게 도움을 주어야 한다고 생각합니다. 사람들을 만날 때 이 사람이 내게 앞으로 도움이 될 수 있는 사람인지만 따집니다. 이들은 하수죠. 정말 고수들, 강력하고도 진정한 영향력을 행사하는 인물들은 어떨까요? 이들은 사람들을 만날 때 내가 도움을 줄 수 있는 것이 무엇일까 먼저 생각합니다. 치알디니가 《설득의 심리학》에서 말한 '상호성의 원칙'은 남들이 나에게 해준 것을 꼭 갚으라는 이야기가 아닙니다. 남들에게 내가 먼저 도움을 베풀라는 것입니다. 그러면 시간이 좀 걸리더라도 직간접적으로 내게 의미 있는 결과가 돌아온다고 합니다. 간접적으로 돌아온다는 말은 무슨 뜻일까요? 내가 누구를 도와주었으면 그는 내게 보답하지 않더라도 나에 대해서 좋은 평가를 하게 되어 있습니다. 소셜 미디어 시대에 이러한 평판은 더 쉽게 퍼지고 공유가 됩니다. 지혜로운 사람들은 누군가가 나에게 도움을 요청할 때 귀찮다고 생각하지 않고 자신의 영향력을 넓힐 수 있는 기회로 기쁘게 받아들입니다. 내게 도움을 베푼 사람들에게만 보답을 하면 내 인맥은 매우 한정적이 됩니다. 하지만 먼저 나서서 도움을 베풀면 내 인맥은 확장됩니다. 향후 나를 직간접적으로 도와줄 사람들의 범위를 스스로 늘려놓았으니까요.

치알디니가 말한 '호감의 원칙'도 마찬가지입니다. 호감을 사는 것은 어떻게 내가 남들에게 사랑받는 인물이 될 수 있을지를 고민하는 것이 아닙니다. 그건 평균적인 사람들의 접근 방식이죠. 파워풀한 영향력자들은 내가 어떻게 상대방을 좋아할 수 있을까를 먼저 고민하며, 이를 위해 상대방의 장점을 찾아내고 먼저 진심을 담아 칭찬을 합니다.

〈포천〉 선정 40세 이하 세계 톱 비즈니스 교수 40인 중 한 명이자 미국 펜실베이니아 대학 경영대학원 와튼 스쿨의 최연소 종신교수인 조직심리학자 애덤 그랜트가 쓴 베스트셀러 《기브 앤 테이크》는 상호성의 원칙을 풍부한 사례와 과학적 분석으로 보여준 책입니다. 그는 사람을 세 가지 부류로 설명했습니다. 테이커(taker)는 자신이 주는 것보다 더 많은 것을 가지려는 사람들입니다. 욕심이 많은 사람들이지요. 반면 기버(giver)는 이해관계에 얽매이지 않으면서 자신이 먼저 도움을 주려고 하는 부류입니다. 마지막으로 매처(matcher)는 받은 만큼만 주려고 하는 사람들이지요. 그는 기업 내에서 성과에 따라 사람들을 분류한 후, 이들이 세 가지 부류 중 어디에 속하는지를 연구했습니다. 놀랍게도 일등을 하는 사람들 중에 기버가 많았습니다. 심지어 기버는 테이커나 매처보다 50퍼센트나 실적이 높았습니다. 물론 바닥에도 기버들이 많이 있었습니다. 그렇다면 무엇이 기버의 성공과 실패를 가를까요? 단순히 남에게 도움만 주는 사람들은 실패한 기버가 될 가능성이 많습니다. 하지만 성공한 기버는 물론 남에게 먼저 도움을 주려고 하지만, 자신의 이익에도 신경을 씁니다.[33]

상호성의 원칙이나 기브 앤 테이크를 오해해서 무조건 도와줘야 한다고 생각하면 안 됩니다. 직장에서 어떤 사람에게 도움을 주는데, 그 사람이 나에게 한 번도 도움을 주지 않고 요리조리 쏙 빠져나가고 나를 무시한다면 어떻게 해야 할까요? 이를 연구한 학자도 있습니다. 미시건 대학의 천재적인 정치학자인 로버트 엑셀로드에 따르면 '눈에는 눈, 이에는 이' 방식이 가장 적합하다고 합니다.[34] 여기에서 중요한 것은 내가 먼저 상대방에게 도움과 호의를 베풀어야 한다는 것입니다. 그러고 나서는 상대가 하는 그대로 해주면 됩니다. 상대의 배반에는 나도 배반으로, 상대의 협력에는 나도 협력으로. 이 이론을 우리 현실 속에서 대입해보면 이렇습니다. 우선 나와 별다른 이해관계가 없는 김 차장이라는 타 부서 사람이 있다고 가정해보지요. 상호성의 원칙을 발휘해서, 꼭 해야 하지 않지만 진심을 다해 내가 먼저 도움을 주었습니다. 시간이 지나 나도 김 차장의 도움이 필요해졌습니다. 그런데 그가 도움을 주지 않습니다. 이때 잘 판단해야 합니다. 김 차장이 진심으로 미안해하는지, 정말 도움을 줄 형편이 안 되는지. 정말 김 차장의 형편이 안 되었다면 바로 복수를 할 필요는 없겠지요. 그러나 한두 번 지나면 이 사람의 진심을 알 수 있습니다. 그럼 그때부터는 상대방이 내게 하는 대로 대응하면 됩니다. 상호성이나 기브 앤 테이크의 정신을 살린다고 상대방이 나를 무시하는데도 계속 도움을 주는 것은 바보 같은 행동입니다. 그저 기회가 있을 때 먼저 도움을 주도록 노력하고, 그 이후에는 상대방의 행동에 따라 계속 도움을 줄 것인지 아닌지를 결정하면 됩니다. 상호성은 인간의 기본 특성입니다. 영어 표현이 'Give and Take'인 것, 우리말에서도 '받고 주기'가 아니라 '주고받기'라는 점을 우리 모두 명심할 필요가 있습니다.

당신의 운運을 높이는 가장 과학적이고 강력한 방법

자, 이제 정말 중요한 말씀을 드릴 차례입니다. 성공을 이루려면 나의 노력만으로는 부족합니다. 상당 부분 운도 따라줘야 합니다. 운칠기삼이라는 말도 있지요? 그래서 저는 운이 좋다는 것이 무슨 뜻일까 오랫동안 고민했습니다. 마크 그라노베터나 로버트 치알디니, 애덤 그랜트 등의 논문과 책을 읽으면서 조금씩 저만의 답을 얻었습니다.

운이 좋다는 말을 여러분은 어떻게 해석하십니까? 물론 대기업 오너의 자녀로 태어나는 것을 운이 좋은 것으로 생각할 수도 있습니다. 그런 것은 내 의사와 상관없는 운이지요. 저는 노력으로 운을 좋게 만드는 방법을 말씀드리려고 합니다. 운이 좋다는 말을 저는 '다른 사람들이 나에게 좋은 기회를 알려주고 도와준다'라고 해석합니다. 좋은 취업 기회가 있을 때, 그 정보를 내게 알려주고 가능하다면 나를 소개하고 추천해주는 것 말입니다. 사회 생활을 할수록 좋은 기회를 소개받고 추천받는 것이 얼마나 큰 힘을 갖고 있는지 새삼 깨닫습니다. 더군다나 나와는 자주 만나거나 가깝지 않은 약한 연대에 있는 사람으로부터 도움을 받는 것은 엄청난 운입니다. 그러니 운을 좋게 만든다는 것은 다른 사람들이 나에게 도움을 줄 수 있도록 만든다는 것과 통합니다. 그렇게 되려면 어떻게 해야 할까요?

운을 높이는 가장 과학적이면서도 강력한 방법은 이겁니다. 이해관계가 없는 사람들, 즉 약한 연대에 있는 사람들을 평소에 기회가 있을 때마다 돕는 것입니다. 이들은 나중에 나를 직접적으로 도와주거나 간접적으로라도 덕담을 건네 나의 운에 결정적인 도움을 줍니다. 이 말을 오해하지 않았으면 좋겠습니다. 기회 될 때마다 사람들에게 밥을 사고 술을 사라는 말이 아닙니다. 사람들이 정말 고마워하는 도움은 돈으로 살 수 있는 것이 아닙니다. 따뜻한 말 한마디, 고민을 들어주는 시간, 상대방의 장점을 공개적으로 칭찬해주는 것, 내 전문성을 발휘한 조언 한 마디, 상대방에 대한 관심……. 이런 것들이 사람들에게 감동을 주고 큰 영향력을 행사합니다.

아는 사람들에게 도움을 줄 수 있는 기회는 평생 가야 한두 번입니다. 그것도 큰 희생을 치르는 것이 아닙니다. 누군가에게 도움이 될 사람을 내가 알고 있을 때 큰 문제가 없다면 소개를 해주는 것, 누군가에게 도움이 되는 정보를 알게 되었을 때 이메일을 한 통 보내는 것, 누가 평판을 물을 때 그 사람의 장점을 이야기해주는 것 정도입니다. 이런 사소한 노력으로도 내 운이 좋아진다면 하지 않을 이유가 없겠지요.

기회 될 때마다 도와라, 대신 진심으로

이때 중요한 것이 있습니다. 바로 진정성입니다. 사소한 도움을 줄 때라도 내가 상대에게 얼마만큼 마음을 다하느냐가 중요합니다. 상호성과 기브 앤 테이크 정신을 충실하게 실천하다 보면 진정성이 얼마나 중요한지 깨닫게 됩니다. 치알디니는 이렇게 조언하더군요. 사람들과 만날 때, '이 사람의 여러 가지 특성 중에서 내가 과연 진심으로 좋아할 수 있는 것은 무엇인가'를 자문해보라고.

이 질문은 아주 힘이 셉니다. 사람들은 대부분 생전 처음 만나는 사람 앞에서 이런 질문을 하지는 않거든요. 오히려 위아래로 훑어보면서 간을 보는 경우가 많지요. 나보다 더 센 놈인가 아닌가 말입니다. 2008년 1월에 치알디니를 만나 이 질문에 대한 이야기를 직접 들었습니다. 제게는 정말 큰 도움이 되는 말이었습니다. 사람들을 만나서 내가 좋아할 수 있는 점이 무엇인가를 생각하는 순간 훨씬 더 상대방에게 긍정적으로 다가설 수 있게 되더군요. 그만큼 진정성이 생겨나는 것이죠.

미국의 대통령이었던 루즈벨트는 매우 인상적인 말을 남겼습니다. "사람들은 내가 그들에게 얼마만큼 신경을 쓰는지 알 때까지는 내가 얼마나 많은 것을 알고 있는지 신경 쓰지 않는다(People don't care how much you know until they know how much you care)." 즉, 사람들이 내 말에 귀를 기울이는 순간은 내가 그들에게 진정한 관심을 보일 때부터라는 뜻입니다. 상대방에게 긍정적 관심을 갖는 것, 진정성을 보여주는 것은 비즈니스에서도 매우 중요합니다. 다른 이들을 어떻게 대할 것인가라는 질문에 저는 다니엘 핑크의 《파는 것이 인간이다》에서 가장 좋아하는 구절을 소개하곤 합니다.

사람을 만날 때마다 그 사람이 당신의 할머니라고 상상해보라. 일을 인간적으로 만드는 방법 중 최고이다. 자동차 매장에 걸어 들어오는 사람이 낯선 사람이 아닌 당신의 할머니라면 어떻게 행동하겠는가? 당신이 누군가에게 불쾌한 업무를 맡기려 할 때, 그가 당신이 쉽게 해고할 수 있는 신입직원이 아니라 당신의 외할머니나 친할머니라면 당신의 행동은 어떻게 바뀔까? 당신이 이메일로 연락하는 상대가 한 번 같이 일하고 말 사람이 아니라, 아직도 당신 생일카드에 5달러짜리 지폐를 넣어주는 자상한 할머니라면 얼마나 정직하고 윤리적으로 행동할까? 익명성이라는 장벽을 걷어내고 인간적인 교감으로 대체하면, 보다 진심으로 고객에게 서비스할 가능성이 높아지며 장기적으로 모두에게 그 혜택이 돌아갈 것이다. 그래도 아직 회의적이라면 이렇게 변형시켜보라. 모든 사람을 당신 할머니처럼 대하되, 할머니에게 8만 명의 트위터 팔로워가 있다고 가정해보라."[35]

치알디니와 핑크의 조언을 접하면서 제 태도가 바뀌었습니다. 사업을 하면서 내가 얼마나 많은 사람들의 도움을 받고 있는지, 내가 먼저 다른 사람을 좋아할 수 있어야 그들도 나를 좋아할 수 있다는 점을 깨달았습니다. 제가 사는 아파트의 경비원 아저씨와 청소부 아주머니, 사무실에서 제게 도움을 주는 사람들, 저를 믿고 프로젝트를 맡기는 고객들, 저를 소개해준 분들, 사업으로 연결되지 않아도 고민이 있을 때 저를 떠올려주고 상의해주는 분들, 함께 프로젝트를 하는 파트너와 동료들, 좋은 자료를 공유해주는 분들, 저의 전문성을 믿고 의견을 구하는 분들, 좋은 모임에 초대해주시는 분들, 좋은 식당을 소개해주신 분들……. 이런 분들과 만날 때 가능하면 내가 이분들의 어떤 특성을 좋아하는지 떠올려보게 됩니다. 사람의 육감이란 무서운 것이죠. 이렇게 상대방을 대할 때와 의심 가득한 눈초리를 보낼 때와는 분명 다른 기운이 전달되니까요.

몇 년 전부터는 이런 분들에게 가끔씩 감사의 표현을 합니다. 제가 사는 동네 근처에는 기차와 전철이 다니는 건널목이 있습니다. 이곳에는 아저씨들이 24시간 근무하면서 사람들이 안전하게 건널목을 다닐 수 있도록 통제해줍니다. 매일 다니는 이 길에서 안내를 해주시는 이분들이 감사하다는 생각에 명절에 떡을 사서 가져다 드렸습니다. 제게 명함을 달라고 하는 아저씨에게 명함을 안 가져 왔다고 하자 이름이라도 알려달라고 하시더군요. 그런데 일 년 뒤 제가 다시 선물을 들고 역무원 아저씨에게 다가가자 한 순간의 망설임도 없이 제 이름을 대며 기억하시더군요. 놀라웠습니다. 단지 작은 떡 선물을 드렸을 뿐인데 말이지요. 그분들이 제게 어떤 도움이 되지 않더라도 그렇게 긍정적으로 기억해주시고 반갑게 맞이해주시는 것만으로도 제겐 작지만 의미 있는 기쁨이었습니다.

여러분도 주변의 아는 사람 세 사람만 꼽아보시기 바랍니다. 직장에서 함께 일하는 동료부터 생각을 해보지요. 한 사람씩 떠올리면서 그의 모든 것을 좋아할 수 없지만, 여러 가지 특성 중 그래도 여러분이 인정할 만하고 또 진심으로 칭찬해줄 수 있는 특징은 무엇이 있습니까? 다음번 만날 때 그를 자상한 나의 할머니라고 생각한다면 그에게 어떤 말을 건네고 도움을 줄 수 있을까요? 그가 나에게 도움을 청할 때 나는 어떤 태도를 보여야 할까요? 진정한 친구가 되고, 진정한 친구를 갖는 것이 우리 삶에서 중요한 것처럼, 사회생활을 하면서 아는 사람들에게 친구까지는 아니더라도 그들의 밝은 면을 보려고 노력하고, 기회가 있을 때 진정 어린 도움을 주는 것은 정말 중요합니다.

세계 최대의 온라인 서점인 아마존에서 '성공(success)'이라는 키워드로 도서를 검색하면 약 18만 권의 결과가 나오고 '행복(happiness)'과 '행복한(happy)'으로 검색하면 각각 3만 7천 권과 6만 3천 권의 결과를 얻을 수 있습니다. 서로 겹치는 것도 있겠지만 합치면 10만여 권을 검색할 수 있지요. '관계(relationship)'로 찾아보면 어떨까요? 성공과 행복을 합친 숫자에 육박하는 26만 권 가까이를 검색할 수 있습니다. 저는 2012년과 2013년 이 년에 걸쳐 아마존을 똑같은 방식으로 검색을 해보았는데요. 이러한 트렌드는 동일했습니다.

성공과 행복을 관통하는 키워드는 IQ나 학벌이 아니라 '관계'입니다. 하버드대에서 1937년부터 무려 칠십여 년 동안 추적 연구한 바에 따르면 50대 이후 삶의 행복을 결정짓는 가장 중요한 요소는 47세 무렵까지 만들어 놓은 인간관계입니다.[36] 컨설턴트이자 《피플 스킬》의 저자인 로버트 볼튼은 "직장에서 인정받지 못하는 사람들 중 80퍼센트는 이유가 한 가지다. 다른 사람과 관계 맺는 방법을 잘 모른다는 것이다"라고 말했지요. 마크 그라노베터의 흥미로운 연구를 통해 친구와 아는 사람이 우리 삶에서 어떤 의미인지, 우리는 이러한 두 가지 다른 관계로부터 무엇을 기대할 수 있는지, 그리고 로버트 치알디니와 애덤 그랜트의 연구를 통해서 우리가 이 두 가지 관계의 맥락 속에서 다른 사람에게 무엇을 먼저 해줄 수 있는지에 대해 실질적인 힌트를 얻었습니다. 이 책에 제시한 다양한 서바이벌 키트 가운데 인생에 있어 가장 의미 있는 것은 바로 사람입니다. 보다 정확히 이야기하면 그 사람과 나 사이의 관계입니다. 행복해지려면 내가 먼저 누군가의 훌륭한 친구가 되어야 합니다. 마찬가지로 성공하려면 내가 먼저 누군가에게 좋은 '아는 사람'이 되어야 합니다. 성공과 행복의 비밀은 내가 친구와 아는 사람에게 어떻게 먼저 다가서는지에 달려 있습니다.

나만의 서바이벌 키트 만들기 3

1. 잠시 게임을 하나 해보지요. 제가 워크숍을 할 때 참석자들과 함께 하는 게임입니다. 스마트폰에 저장된 연락처 리스트에서 지난 1년 동안 한 번도 연락을 주고받지 않은 사람을 셋만 찾아내십시오. 그리고 지금 문자를 보내거나, 한 번 만나자고 전화를 해보십시오. 전화번호가 바뀐 경우도 있고, 갑자기 뭐라고 문자를 보내야 할지 손발이 오그라들지도 모릅니다. 그럴 땐 이렇게 이야기를 꺼내보시죠. 책을 읽다가 최근 연락하지 않은 친구에게 안부를 물어보라는 부분에서 '네가 생각났다'고.

2. 여러분의 컴퓨터나 스마트폰의 연락처를 보면서 친구 혹은 강한 연대에 속하는 다섯 사람과 아는 사람 혹은 약한 연대에 속하는 다섯 사람을 아래 표에 적어보세요. 그리고 내가 먼저 그들에게 도움을 줄 수 있는 것이 무엇인지 적어보시기 바랍니다. 물론 적는 것에서 그치면 안 되겠지요? 이 시간 이후로 기회가 있을 때 그들에게 먼저 도움을 베푸시길!

친구 혹은 강한 연대

	나의 친구 / 강한 연대	내가 먼저 도움을 줄 수 있는 것
1		
2		
3		
4		
5		

아는 사람들 혹은 약한 연대

	아는 사람들 / 약한 연대	내가 먼저 도움을 줄 수 있는 것
1		
2		
3		
4		
5		

Survival Kit 4

배드 뉴스

bad news

인생이 제대로
돌아가고 있다는 증거

"호사다마(好事多魔)."

굿 뉴스와 배드 뉴스를 받아들이는 지혜

"12년 가수사에 굴곡이 참 많았어요. 좋은 일이 있으면 안 좋은 일이 생기고, 안 좋은 일이 있으면 좋은 일이 따라왔죠."[37] 가수 싸이가 한 일간지와의 인터뷰에서 한 말입니다. 우리 삶의 모습이 다 이렇지요. 싸이뿐 아니라 누구든 삶에 굴곡이 있습니다. 누구나 굿 뉴스가 생기면 기쁘고 배드 뉴스가 생기면 절박합니다. 평범한 직장인은 물론 대기업 회장이나 대통령도 예외가 아닙니다. 누구의 삶이든 굿 뉴스만 누리거나, 배드 뉴스로만 점철되지는 않습니다. 중요한 것은 이겁니다. 굿 뉴스와 배드 뉴스를 어떻게 받아들이고 사용할 것인가?

"'한국 문단에 박완서라는 존재가 있다'는 사실이 수많은 여성 작가들에게 얼마나 든든한 희망이었는지 선생님은 아실까요?" 소설가 정이현이 추모한 박완서. 소설가로서 성공적인 삶이었지만, 알려진 대로 그는 보통 사람이 견디기 힘든 비극을 겪었습니다. 다섯 자녀를 두어 다복했지만 1985년 막내딸이 교통사고로 사망했고, 1986년에는 남편이 폐암에 걸렸습니다. 1988년에는 결국 남편이 사망했고, 같은 해에 하나뿐인 아들까지 사고로 먼저 보내야 했습니다.

그 고통을 이겨내고 나서 박완서는 말했죠. "고통을 과장하는 것은 엄살이지요. 또 조금 좋다고 난리 치는 것도 보기 안 좋고요. 비명도 지르지 말고 교성도 지르지 말아야죠. 저는 그런 것을 아주 싫어합니다." 이 말에는 살면서 맞이하는 굿 뉴스와 배드 뉴스를 어떻게 받아들여야 하는지에 대한 지혜가 담겨 있습니다.

굿 뉴스 앞에서 겸손할 수 있는가

성공(굿 뉴스)이나 실패(배드 뉴스)는 실은 해프닝입니다. 영원히 지속하는 성공이나 실패란 없지요. 중고등학교 때 공부를 잘했다고 사회에 나와서 반드시 성공하는 것도 아니고, 공부를 못했다고 해서 나중에 꼭 실패하는 것도 아닙니다. 사실 성공 안에는 실패의 씨앗이 담겨 있습니다. 그게 무엇일까요? 자신이 잘했기 때문에 성공했다고 자만하는 것입니다. 마셜 골드스미스는 사실상 많은 리더는 그동안 잘못한 것이 있음에도 불구하고 승진을 하거나 좋은 결과를 얻는 경우가 많은데 이들은 자기가 잘했기 때문에 성공했다고 자만하는 것을 경고합니다.[38]

성공이 과연 자기 힘만으로 가능할까요? 승진만 놓고 봐도 자신을 인정해주는 사람이 있어야 하고, 이를 적극적으로 막는 사람이 적어야 합니다. 제 경우를 보면 한 글로벌 기업에서 인턴으로 시작해서 사장까지 되었지만 그것은 단순히 제가 열심히 하고, 잘했기 때문만은 아닙니다. 저를 지지하고 끌어주는 상사가 조직 내에서 정치적 파워가 있었고, 그가 승진하면서 물려줄 사장 자리가 있었고, 저를 사장 자리에 앉히는 데 크게 반대하는 세력이 없었기 때문에 가능했습니다. 아무리 제가 열심히 하고 잘한다 하더라도 그런 환경이 뒷받침되지 않았다면 사장이 될 수 없었겠지요.

흔히 "결혼식에는 못가도, 장례식에는 가라"고 말합니다. 남의 기쁜 일에는 함께 하지 못해도, 슬픈 일에는 함께하라는 뜻입니다. 이 말을 다른 방향에서 해석할 수 있습니다. 남의 슬픔(배드 뉴스)을 위로하기는 상대적으로 쉽습니다. 하지만 남의 행복과 성공(굿 뉴스)을 진심으로 기뻐하기란 훨씬 더 어려운 일입니다. 친구나 동료의 승진을 축하하는 사람들의 표정을 유심히 살핀 적이 있다면 이 말에 공감하실 겁니다. 심지어 가장 가까운 가족인 자매나 형제의 굿 뉴스를 진심으로 기뻐하지 못하는 경우도 흔히 볼 수 있지요.

"사촌이 땅을 사면 배가 아프다"라는 속담은 현실을 꿰뚫어본 말이 아닐까 싶습니다.

한 헤드헌팅사의 사장에게 고위급 임원을 선발할 때 가장 중요하게 보는 것이 무엇인지 물었습니다. 이십 년 이상 이 일을 해온 그가 가장 강조한 것은 균형이었습니다. 일과 삶의 균형 정도를 뜻하겠거니 했는데, 그녀는 더 깊이 있는 통찰을 들려주었습니다. 균형이 잡힌 사람은 남을 무시하는 태도를 보이지 않는다는 것입니다. 자긍심이 지나치게 드러나는 사람은 균형이 없다고 할 수 있는데, 사장 자리에 오르자마자 어깨에 너무 힘이 들어가고 거들먹거리는 CEO는 결국 오래 가지 못한다는 것입니다. 2013년 대기업 임원으로 승진한 지 얼마 지나지 않아 미국으로 가는 항공기에서 승무원을 폭행한 소위 '왕 상무' 사건. 그야말로 균형이 잡히지 않은 사람의 대표적인 유형입니다. 헤드헌팅사의 사장과 균형에 대해 이야기를 나눈 이후로 저는 종종 여러 측면에서 균형이란 무엇일까 생각했습니다. 균형이 잡힌 사람들은 승진을 했어도 자신에게 돌아오는 굿 뉴스와 권력을 독차지하지 않습니다. 자기에게 생긴 행운을 다른 사람과 함께 나누지요. 혼자 잘해서 승진했다고 생각하지 않고, 다른 사람에게 감사의 뜻을 전하고 이에 대한 공을 돌립니다. 균형이 있는 사람은 자신에게 좋은 일이 생길수록 겸손합니다.

최근 국내 기업의 CEO 및 고위 임원들 몇 사람과 함께 저녁 식사를 한 적이 있었습니다. 이때 국내에서 한 글로벌 기업의

CEO로 이십 년 가까이 장수한 분에 대한 이야기가 나왔는데요. 이분과 업무상 자주 만나는 한 분이 그에 관한 이야기를 들려주었습니다. 그가 장수하는 데에는 중요한 이유가 있는 것 같다고 하시더군요. 자신은 그보다 나이도 열 살 정도 어리고 직책도 낮은데, 그와 미팅을 하고 나오면 꼭 배웅을 하고 자신이 엘리베이터에 탈 때까지 기다렸다가 거의 90도로 인사를 한다는 것입니다. 그렇게 예의를 지키는 것이 단순한 겉치레라기보다는 진심 어린 겸손함으로 느껴졌다고 하면서, 그와 만나면서 많은 것을 배웠다고 하더군요.

반면 균형이 잡히지 않은 사람은 자신에게 좋은 일이 생겼을 때, 이를 독차지하고 권력을 휘두르며 거만한 태도를 보입니다. 그러면서 자기 주위에 불필요한 적을 많이 만들게 되지요. 이방인이었지만 전쟁에서 공을 세운 최고의 장군이었고, 최고의 미인과 결혼한 오셀로가 부관 이야고의 질투로 비참하게 몰락한 이야기는 우리 삶 도처에서 발견할 수 있습니다. 굿 뉴스는 질투와 단짝입니다. "좋은 일에는 탈이 많은 법이다"라는 뜻의 '호사다마'를 단순히 속담으로만 여겨서는 안 됩니다. 좋은 일이 나에게 생길 때에는 흥분해서 보이지 않겠지만, 실은 탈도 같이 따라오고 있습니다. 균형이 중요한 이유는 굿 뉴스에 따라오는 탈을 분산시켜야 하기 때문입니다.

그렇다면 굿 뉴스가 다가올 때 어떻게 해야 할까요? 먼저 그것을 충분히 즐기십시오. 동시에 내게 굿 뉴스가 생기도록 도와준 사람들을 생각해야 합니다. 모든 굿 뉴스에는 최소 세 사람 이상의 조언자와 조력자가 있기 마련입니다. 더 적극적으로 해석하자면 당신에게 굿 뉴스가 생긴 것은 이를 방해하지 않은 사람들 덕분입니다.

성공을 모두 자신의 능력으로 돌리고, 남들을 루저 취급을 하는 순간부터 성공은 그야말로 1회성 해프닝으로 끝나고 맙니다. 성공 안에 숨은 실패의 씨앗을 멋지게 처리한 교수 출신의 한 정치가에 대한 이야기를 들은 적이 있습니다. 그는 교수 시절 여러 가지 외부 프로젝트를 따내어 동료 교수들의 부러움과 질투를 샀다고 합니다. 예상할 수 있듯 험담도 돌았습니다. 하지만 그는 사람들의 예상을 깨고 프로젝트를 통해 번 돈 수억 원을 학교에 기부했습니다. 그로 인해 성공이라는 굿 뉴스가 배드 뉴스로 바뀔 위험을 미리 예방했고 그 이후로도 영향력 있는 정치가로 활동했습니다.

성공은 혼자 힘으로 오지 않는다

굿 뉴스가 생기면 종이에 당신을 도와준 사람이 누구이며 어떤 도움을 받았는지 써보십시오. 제 인생에서 벌어진 굿 뉴스는 마흔이 되던 해에 하프 타임을 갖고 새롭게 사업을 시작한 것입니다. 아직까지도 그때의 결정을 단 한 번도 후회한 적이 없습니다. 제가 독립하기까지, 그러니까 굿 뉴스가 생기기까지는 여러 명의 조언자가 있었습니다.

한 신문사 논설위원의 이야기를 듣고 환갑도 아닌 마흔에 은퇴를 하기로 결심했습니다. 30대 중반에 그 위원과 함께 식사할 기회가 있었는데, "축구뿐 아니라 삶에도 하프 타임이 필요한 것 아닐까? 환갑에 은퇴하고 나서 '이런 것을 해보면 좋았을 텐데……' 하고 후회하기보다 3~40대에 한 번 은퇴해서 하프 타임을 가져봐. 지금까지의 삶을 돌아보고, 다시 새로운 4~50대를 살아보는 거지"라는 말을 해주었거든요. 이 이야기가 미래를 계획하는 데 중요한 씨앗이 되었습니다. 그 이후로 저는 40세가 되는 해에 하프 타임을 가지겠다고 다짐하면서 무엇을 하고 어떻게 지낼지 준비를 했습니다. 그때 그가 한 말이 그냥 지나가는 이야기였는지도 모르겠습니다. 중요한 것은 그의 말을 듣고 제가 오랜 기간 준비하고 생각했으며, 제 삶의 방향을 바꿀 수 있었다는 점입니다.

새로운 사업을 시작하게 된 것은 불과 14개월간 일했던 전 직장의 상사, 그것도 다른 부서 임원의 조언 덕분이었습니다. 50세가 넘어 회사를 나와 사업을 시작했던 그가 언젠가 회사 근처 커피숍으로 저를 불러낸 적이 있습니다. "내가 자네라면 40대 초반에 사업을 시작할 것 같아"라면서 50대에 사업을 시작한 어려움을 이야기하며 왜 일찍 사업에 도전하는 것이 나은지 깊이 있는 조언을 해주었습니다. 그는 넋두리처럼 한 말일지 모르지만 그의 경험담이 제게는 많은 도움이 되었습니다. 사업을 일찍 시작해야 하는 동기를 제공해준 셈이죠.

하프 타임과 사업을 '저질러도 될지' 망설일 때 제게는 멘토와 같은 존재인 외국인 상사의 조언과 격려가 큰 힘이 되었습니다. "호, 머리가 아니라 가슴에서 말하는 것을 따라가봐!" 제가 사업을 시작하고 나서도 그는 한국에 들를 때마다 저에게 시간을 내주고, 제가 고민을 하고 있을 때면 화상전화를 통해 차분히 조언도 해줍니다.

사업 시작에 관해서는 그즈음 출장길에 만난 또 다른 외국인 상사로부터 회사의 형태는 어떤 것이 좋은지, 제가 하려고 하는 사업을 할 때 주의할 점이 무엇인지 조언을 들었습니다.

이 밖에도 도움을 준 사람들이 꼬리를 물고 나타납니다. 결정적으로 나의 모험을 방해하지 않고, 적극적으로 지지해준 당시 여자 친구(지금의 아내)의 힘도 컸습니다. 2007년 회사를 설립하고 나서 지금까지 프로젝트를 의뢰하는 고객들이 없다면, 또 저를 추천해주는 사람들이 없다면 제가 사업을 이어나간다는 것은 불가능합니다. 사업을 하는 과정에서도 많은 사람들이 조언을 해주고 도움도 줍니다.

도움과 조언을 준 이들에게 단순히 '당신 덕분입니다'라고 말하기보다 기회를 만들어 진심 어린 감사를 표현하고 보답하는 것이 굿 뉴스에 제대로 반응하는 방법입니다. 앞서 말씀드린 전 직장의 상사에게는 그가 제게 어떻게 긍정적인 영향을 미쳤는지 장문의 카드를 써서 작은 선물과 함께 전달했습니다. 제 카드를 받고는 자신이 그렇게 큰 영향을 주었는지 놀랐고, 알려주어 고맙다고 말씀하시더군요. 저도 기분이 좋았습니다. 자신에게 생긴 굿 뉴스의 기여자에게 감사와 공을 돌릴 때 굿 뉴스는 연장되고 반복될 수 있습니다. 한 사람에게 발생한 굿 뉴스가 주위의 다른 사람에게도 굿 뉴스가 될 때, 사람들은 그를 더욱 도와주려 하기 마련이니까요.

"좋은 일에 마가 낀다"는 옛 어른의 지혜는 굿 뉴스에 대처하는 매우 실용적인 가이드입니다. 나에게 찾아온 굿 뉴스에는 남의 덕이 있다는 점을 반드시 잊지 마십시오. 저는 매년 기회가 될 때마다 손으로 쓴 짧은 편지로 도움을 준 분들에게 감사를 표하려고 노력합니다. 특히 연말이면 하루나 이틀 정도 일정을 비워놓고 그해의 달력을 넘겨보며 카드를 쓰고 감사의 선물을 보냅니다. 한 해를 잘 보낼 수 있었던 것은 결코 제가 혼자 열심히 하거나 잘나서가 아님을 알기 때문입니다.

배드 뉴스를 관리하는 세 가지 방법

지난 [2010년 1월] 26일 새벽 아파트 24층에서 떨어져 숨진 채

발견된 이모(51) 부사장은 51번째 생일이었던 전날 혼자 술을 마시고 장문의 유서를 남긴 뒤 투신한 것으로 밝혀졌다.
그가 아내에게 보내는 편지 형식으로 쓴 A4용지 10여 쪽 분량의 유서에는 "회사 때문에 힘들다", "우울증 때문에 고생했다"는 내용과 회사 내부 상황에 대한 언급이 들어 있었던 것으로 알려졌다. 경찰은 "이씨가 6층 집에서 24층 야외 테라스로 올라가는 모습이 CCTV에 잡혔다"면서 "화단에서 발견 당시 손에 깨진 양주병을 쥔 채 쓰러져 있었다"고 말했다. 이씨의 한 지인은 "평소 술도 잘 안 먹는 건실한 사람이었다"고 말했다[…]
이씨 주변에서는 초고속 승진을 거듭하던 그가 2년 연속 좌천된 인사에 크게 충격 받아 자살을 선택한 것으로 보고 있다[…]2004년 플래시메모리 사업담당 전무로 발탁돼 휴대용 IT기기의 저장장치로 사용되는 플래시메모리의 폭발적인 성장을 주도해 그 해 00 반도체 부문의 영업이익률이 40퍼센트를 기록하는 데 크게 공헌을 한 것으로 알려졌다[…]
하지만 작년 1월 대대적인 세대교체 인사에서 이씨는 비메모리인 LSI사업부 개발실장으로 밀려났고 올해 초에는 반도체를 위탁생산해 주는 파운드리 공장장으로 발령났다[…] 부사장 연봉이 10억 원 안팎으로 알려진 점을 감안하면 돈 문제로 이씨가 고민한 것은 아니라고 주변에서 보고 있다[…] 주변 사람은 "이씨는 이번 인사발령을 굴욕적으로 느꼈을 것"이라며 "내성적인 성격인 이 씨가 혼자 오래 고민하다가 그런 선택을 한 것 같다"고 안타까워했다." [39]

한 언론에 실린 대기업 부사장의 자살 관련 기사입니다.

위기관리 컨설턴트로서 활동하는 제게 배드 뉴스는 가장 중요한 단어이기도 하고, 이상하게 들릴지 모르지만 제가 가장 애정을 쏟는 용어이기도 합니다. 왜 우리 삶에서 안 좋은 일이 발생하는지, 어떻게 대처해야 하는지 등의 문제에 저는 큰 관심을 갖고 있습니다. 배드 뉴스를 단순히 피해야 할 것이 아니라 우리 삶에 꼭 필요한 서바이벌 키트로 바라보게 된 것은 저의 직업적 특성과도 관련이 있습니다.

미국의 〈사이언티픽 아메리칸 마인드〉 2010년 1/2월호에 '자살의 심리학'이란 기사가 실렸습니다. 미국 행정부에서 자살 방지 관련 자문을 하는 리처드 맥케온에 따르면 자살의 원인은 절대로 하나인 경우가 없다고 합니다. 앞서 언급한 기사에 따르면 주변 사람들은 부사장의 자살 원인을 인사 발령에서 두 차례 누락된 때문이라고 분석했습니다. 그와 관련된 정황도 있습니다. 하지만 그의 자살에는 겉으로 드러나지 않은 부분이 충분히 있을 수 있다고 생각합니다. 저는 2013년부터 중앙자살예방위원회의 운영위원으로 참여하면서 자살의 다양한 모습에 대해서 자연스럽게 더 관심을 갖게 되었습니다. 여기에서는 왜 배드 뉴스가 우리에게 중요한 서바이벌 키트에 포함 될 수 있는지를 설명하는 측면에서 그의 자살 사건을 살펴보았다는 점을 미리 밝힙니다.

사회에는 온갖 불평등이 존재한다지만 그래도 신은 공평해서 대기업 임원이든 가난한 사람이든, 대통령이든 노점상이든 세상 누구에게도 배드 뉴스를 피할 수 있는 권한은 주지 않습니다. 배드 뉴스로부터 자유로운 사람은 단언컨대 없습니다.

위기관리 컨설팅을 하면서 배드 뉴스가 발생하는 상황을 자주 관찰합니다. 배드 뉴스는 왜 일어날까요? 세 가지 이유가 있습니다. 교통사고에 비유해서 말씀드리죠. 먼저 나의 실수 때문입니다. 실수란 나쁜 의도 없이 자기도 모르게 저지르는 것입니다. 운전을 하다가 자신도 모르는 사이에 시야가 가려 사고가 나는 경우이지요. 또 다른 경우는 나의 잘못 때문입니다. 실수와는 달리 알고도 저지르는 경우죠. 음주 운전이 나쁘다는 것을 알면서도 괜찮겠지 하고 운전을 하다가 사고를 내는 것이 여기에 해당합니다. 마지막으로는 나의 실수나 잘못과 상관없이 재수가 없어서 벌어지는 것입니다. 제삼자의 실수나 잘못에 의해 내가 사고를 당하는 경우이지요. 지진이나 기후 악화 등으로 인해 운전을 하다가 사고를 당하는 불가항력적인 상황도 여기에 속합니다.

한편 신은 위대하기도 합니다. 사람들에게 배드 뉴스를 극복할 수 있는 팁도 주거든요. 문제는 사람들은 굿 뉴스를 만들 수 있는 스펙이나 팁은 미리 만들면서, 배드 뉴스가 준 충격을 감당하고 넘어설 수 있는 팁은 미처 챙기지 못합니다. 저는 이 점에 주목하고자 합니다. 물론 배드 뉴스를 무시하고 싶은 심리는 충분히 이해합니다. 발생하지도 않은 배드 뉴스에 대해서 미리 상상해 보고, 무엇인가를 준비해야 한다는 건 부담이니까요. 그렇지만 기업들이 배드 뉴스에 적절히 대응하고 예방을 하기 위해 대책을 준비하듯이, 개인도 마찬가지로 자신에게 닥칠 수 있는 배드 뉴스에 대응할 수 있는 팁이 있어야 합니다.

• **첫 번째 팁 _** 배드 뉴스를 처음 맞닥뜨리면 누구나 왜 이런 일이 하필 나에게 생겼는지 불평하고 그 상황을 받아들이지 않습니다. 배드 뉴스에 관한 첫 번째 팁은 바로 배드 뉴스가 벌어진 상황을 그대로 받아들이는 것입니다. 미국의 유명 코미디언 릴리 톰린은 "용서란 더 나았을 수도 있을 과거에 대한 미련을 포기하는 것"이란 말을 했습니다. 배드 뉴스를 맞닥뜨렸을 때에 "그때 이렇게 했더라면 현재의 배드 뉴스가 내게 생기지 않았을 텐데"라는 생각이 드는 것은 매우 인간적이고 자연스럽지만, 결코 도움은 되지 않습니다. 컨설턴트로서 첫 번째 중요한 임무이자 도전은 고객에게 발생한 부정적인 현실을 받아들이도록 하는 것입니다. 이 부분이 가장 힘듭니다. 엎질러진 물을 다시 담을 수 없듯이, 발생한 배드 뉴스를 다시 돌이킬 수는 없습니다. 사이비 가톨릭 신자인 저는 "제가 어쩔 수 없는 것은 받아들이는 평온함을 주시고, 어쩔 수 있는 것은 바꾸는 용기를 주시고, 그리고 이를 구별하는 지혜도 주소서"라는 기도 구절을 가장 좋아하는데요. 이 기도문처럼 이미 벌어진 배드 뉴스는 어쩔 수 없는 것이니 포기하고 받아들여야 합니다.

저는 목공을 처음 시작했을 때 톱질, 망치질, 대패질이 쉽지 않았습니다. 그런데 이 세 가지를 잘하기 위해서 공통적으로 필요한 기술이 있었습니다. 바로 힘 빼기입니다. 망치질을 할 때에도 손목에 힘을 빼야 못을 제대로 칠 수 있습니다. 톱질과 대패질도 힘을 주면 안 됩니다. 교통사고에서도 몸에 힘을 뺀 상태에서 사고가 나면 오히려 덜 다친다고 하지요. 그래서 저는 안 좋은 일이 발생하면 최대한 힘을 빼고, 이것은 어쩔 수 없는 일이라고 생각합니다. 왜 이런 일이 발생했는지 속상해하고 마음 쓰다 보면 어떻게 대응해야 할지 판단하기 어려우니까요. 물론 저 역시 두렵거나 분노에 휩싸여 힘을 제대로 빼지 못할 때가 있습니다. 이럴 때 상황은 반드시 더 나빠집니다. 대표적인 것이 화가 난 상태에서 누군가에게 이메일을 쓰거나 전화를 하는 경우입니다. 이럴 때에는 잠시 마음을 가라앉히고 힘을 빼는 시간을 가져야 합니다.

또 한 가지 방법은 실제 나에게 발생한 배드 뉴스보다 더 안 좋은 최악의 상황을 생각해보고, 현재의 상황과 비교하는 것입니다. 교통사고로 차가 찌그러졌을 때 속이 많이 상하겠지만 “그래도 몸이 별 다른 이상은 없으니 다행이지 뭐”라고 생각하는 것은 분명 도움이 됩니다.

- **두 번째 팁 _** 벌어진 상황을 받아들이고 나서는 내가 무엇을 할 것인가에 집중해야 합니다. 무슨 일이 벌어졌는지를 따져보는 것은 별로 도움이 안 됩니다. 《마지막 강의》의 저자 고(故) 랜디 포시 교수는 강의 초반에 자신의 암에 대한 이야기를 하면서 “이미 제게 생긴 암을 바꿀 수는 없습니다. 다만 그것에 대해 어떻게

반응할지를 결정해야만 합니다. 카드를 바꿀 수 없고, 다만 (카드를 쥔) 손을 어떻게 쓸지를 바꿀 수 있지요"라고 이야기합니다. 평생 죽음에 대한 연구를 통해 삶에 대한 지혜를 알려준 엘리자베스 퀴블러 로스와 데이비드 케슬러는 《인생 수업》에서 이렇게 적습니다. "행복은 무슨 일이 일어나는가가 아니라, 일어난 일을 어떻게 다루는가에 달려 있습니다. 행복은 일어난 일을 우리가 어떻게 해석하고, 인식하고, 그 전체를 어떤 마음 상태로 받아들이는가에 따라 결정됩니다."

벌어진 배드 뉴스 상황에만 집중하며 누구에게 책임을 물을 것인지, 왜 이런 일이 벌어졌는지 신경 쓰다 정작 조치를 취할 수 있는 타이밍을 놓치는 것은 흔히 범하는 실수죠. 직장에서 해고를 당하거나 승진에서 누락됐을 때, 지금부터 미래에 취할 수 있는 액션에 집중하는 것이 가장 중요합니다. 이미 과거가 되어버린 배드 뉴스에 대한 해명이나 분석은 당장 필요한 것 빼고는 오히려 미뤄야 합니다. 무슨 일이 벌어졌는지에 지나치게 집중하는 것도 자살의 원인이 되는 심리 가운데 하나라고 봅니다. 결국, 배드 뉴스가 발생하면 일단 받아들이고, 그리고 내가 할 수 있는 일이 무엇인지를 찾아 실행해야 합니다.

2010년 여름 저는 시카고에서 '즉흥연기의 하버드'라는 닉네임을 자랑하는 오십 년 넘은 미국의 대표적 코미디 극단 '세컨 시티(The Second City)'에서 교육을 받았습니다. 즉흥연기에서 가장 중요한 원칙은 'Yes, and'입니다. 무대에서 즉흥적으로 벌어진 상황이 무엇이든 그대로 받아들이고(yes), 거기에 나의 반응을 더하는(and)것이 중요하다고 배웠습니다. 살면서 맞이하게 되는 배드 뉴스에 대해서도 우리는 이런 '예스, 앤드'의 원칙을 적용할 수 있습니다. 즉 안 좋은 상황에서 "그래, 상황은 벌어졌어. 이제 무엇을 해야 하지?"라고 스스로에게 물어야 합니다.

배드 뉴스 상황에서 이런 질문들이 생각이나 나겠느냐고 반문하시는 분들도 있을 겁니다. 그래서 더더욱 배드 뉴스에 대처하는 팁이 필요합니다. 여러분이 안 좋은 상황에서 스스로에게 물어야 할 질문이나 기억해야 할 말을 수첩이나 인터넷의 자기만의 저장 공간에 적어놓으십시오. 스티브 마틴과 노아 골드스타인, 로버트 치알디니가 공저한 《더 스몰 빅(the Small Big)》에 보면 흥미로우면서도 참고할 만한 대목이 나옵니다. 워런 버핏의 평생 동반자이며 '가치 투자' 개념을 완성한 인물로 평가되는 찰리 멍거란 사람이 있는데요. 그가 오랜 세월 동안 훌륭하면서도 지혜로운 의사결정을 할 수 있는 비밀은 다름이 아니라 그가 살면서 주변에서 관찰한 실수나 어리석은 판단의 리스트를 만든다는 것입니다. 자기만의 이 리스트를 계속 만들어나가면서 중요한 판단을 할 때마다 그 리스트들을 참고한다고 합니다.[40] 이처럼 우리도 자기만의 리스트 혹은 서바이벌 키트를 만들어 두면 배드 뉴스가 나를 찾아왔을 때 도움을 받을 수 있습니다.

- **세 번째 팁 _** 배드 뉴스 상황에서는 자기 자신의 판단을 믿

으면 안 됩니다. 그러니 신뢰할 수 있는 이에게 도움을 청해야 합니다. 위기관리 컨설팅을 직업으로 하다 보니 가끔씩 친구나 동료들로부터 농담 반 진담 반으로 "너한테 위기가 발생해도 잘 관리하겠네"라는 말을 듣습니다. 저는 이 문제에 대해 진지하게 고민을 했습니다. 물론 고객에게 발생한 다양한 위기 상황을 간접적으로 경험하고, 이에 대한 컨설팅을 하다 보니 그럴 수도 있겠다는 생각을 합니다만 그렇지 않은 부분도 있습니다. 솔직히 말씀드리면 잘 관리하지 못하는 부분이 큽니다.

여기에는 과학적 이유가 있습니다. 우리 이마 뒤편에는 전전두엽이라는 부위가 있는데, 이 부위는 의사 결정을 하며 논리적 판단을 하는 곳으로 뇌의 컨트롤 타워에 해당합니다. 평상시에 별다른 스트레스가 없을 때에는 전전두엽이 합리적인 의사결정을 하도록 합니다. 그런데 우리에게 배드 뉴스가 발생하고 스트레스 수준이 올라가게 되면 전전두엽의 기능이 약화되고 감정과 관련된 편도체라는 부위가 뇌를 장악합니다.[41]

신경과학 수업을 듣고 스트레스와 뇌의 관계에 대한 논문을 읽게 되면서 저는 제게 배드 뉴스가 발생했을 때 저 자신을 위한 위기관리 컨설턴트가 되기는 힘들겠다는 것을 직감했습니다. 제삼자인 고객의 위기 상황에서는 침착함을 유지하면서 전전두엽을 활용해 합리적인 의사결정을 하도록 도울 수 있겠지만, 제 자신에게 배드 뉴스가 발생했을 때에는 제 전전두엽의 기능이 급격히 저하될 것을 과학적으로 알았기 때문입니다. 실제 '솔로몬의 역설'이라는 용어도 있습니다. 지혜의 왕으로 알려진 솔로몬이 제삼자의 문제에 대해서는 지혜를 발휘했지만 자기 자신의 문제에 대해서는 지혜를 발휘하지 못한 상황을 두고 하는 말입니다.[42]

그래서 저는 제 자신이 배드 뉴스와 맞닥뜨리게 되면 의식적으로 제 판단을 의심하려고 합니다. 이미 뇌가 감정적으로 변하면서 방어적이 될 것이고, 제대로 된 판단을 하기 힘들 것이기 때문입니다. 대신 제가 신뢰하면서도 제삼자의 입장에서 합리적인 판단을 할 수 있는 친구나 동료에게 조언을 구합니다. 이렇듯 배드 뉴스를 털어 놓을 수 있는 사람, 소위 멘토가 필요합니다. 배드 뉴스가 닥치기 전에 자신이 의지할 멘토를 두는 것이 좋지요. 앞 장에서 이야기한 친구에 해당하는 사람들입니다. 훌륭한 멘토는 지식으로 무장한 똑똑한 사람이라기보다는 삶의 풍파를 어느 정도 겪어 지혜를 갖춘 현명한 사람들입니다. 멘토들은 구체적 액션을 알려주기보다는 내가 스스로 해답을 찾을 수 있도록 좋은 질문을 던져주고, 잘 들어주는 인물들이지요. 최고의 배우였던 최진실이 스스로 목숨을 끊었을 때, 뒤늦게 아쉬웠던 기억이 있습니다. 그가 왜 평소에 가깝다고 알려진 동료 배우들과 힘든 순간에 연락하여 상의를 못했을까, 라는 점입니다. 그가 마지막 날 친구들과 함께 있었다면, 위로와 힘을 받았다면 죽음까지는 막을 수 있지 않았을까요?

아무리 좋은 멘토가 곁에 있더라도, 자신의 배드 뉴스나 약점을 털어놓을 용기가 없다면 소용없습니다. 진정한 관계는 자신의 장점을 주고받기보다는 자신의 약점을 털어놓고 위로받으며 깊어집니다. 배드 뉴스를 털어놓을 수 있다는 것은 그 사람을 신뢰한다, 또 내게 그럴 만한 용기가 있다는 뜻입니다. 자신에 관한 모든 배드 뉴스를 혼자서 비밀스럽게 관리한다는 것은 가능하지도 않고 바람직하지도 않습니다. 한 가지 덧붙이자면, 멘토는 나에게 배드 뉴스가 될 수 있는 점들이 보일 때 솔직히 말해줄 수 있는 사람이어야 합니다.

이상이 가장 기본적인 배드 뉴스 관리 팁입니다. 그런데 정말 중요한 것이 있습니다. 서바이벌 키트에는 내가 직접 경험한 배드 뉴스 자체가 들어 있어야 합니다. 인간은 기본적으로 비교의 동물입니다. 아주 힘든 배드 뉴스를 극복하고 나면, 웬만한 배드 뉴스가 닥쳐도 과거의 배드 뉴스가 좋은 비교 대상이 되어 여유를 줍니다. 대기업 부사장의 자살을 두고 일부 지인들이 실패를 모르고 성공 가도를 달려온 그에게 이 년 연속 인사상 불이익 조치는 받아들이기 힘들었을 것이라고 하는데 맞는 얘기입니다. 그의 비교 대상은 '언제나 성공'이었기 때문입니다.

뛰어난 능력을 가졌고 열심히 일하던 그의 자살은 정말 안타깝고 불행한 사건입니다. 한 친구가 그런 질문을 하더군요. 정말 알려진 것처럼 그 부사장이 실패는 모르고 성공 가도를 달려왔고, 그래서 이 년 연속 인사에서 물 먹은 것이 첫 번째 배드 뉴스였다면, 비교할 만한 과거의 배드 뉴스가 없다면 어떻게 해야 하느냐고. 그때는 자기 인생에 있어 새로운 틀이 탄생하는 순간이자 기회임을 알아차려야 할 것입니다. 앞으로 닥칠 배드 뉴스를 이겨나가는 데 도움이 될 도구로 삼는 거지요. 그 대기업 부사장도 생존을 포기하기보다 그 배드 뉴스를 자신의 서바이벌 키트에 넣었어야 하는데 말입니다.

배드 뉴스는 내 삶의 절정이다

신은 왜 우리 삶에 위기를 가끔씩 던지는 걸까요? 그냥 잘 살게 내버려두면 안 될까요? 여기에 배드 뉴스의 비밀이 있습니다. 앞서 이야기한 것처럼 인간은 비교의 동물이라 배드 뉴스가 없으면 굿 뉴스를 굿 뉴스로 느끼지 못합니다. 요리를 할 때 단맛을 제대로 내기 위해서 설탕만이 아니라 소금을 살짝 넣어야 하는 것과 마찬가지입니다. 다만 어떻게 받아들이는가에 따라 최악의 뉴스가 되기도 하고, 그렇지 않기도 합니다. 한자에서 '위기(危機)'라는 단어가 위험과 기회를 뜻하는 글자로 이루어져 있다는 것은 참 절묘합니다. 위기를 뜻하는 영어 단어 '크라이시스(crisis)'의 그리스 어원 역시 질병에서의 터닝 포인트입니다. 위기의 순간을 어떻게 치료하는가에 따라 나아지거나 악화될 수 있다는 것이지요. 결국 위기에서 기회를 발견하고자 하는 점에서 동서양의 인식은 공통된 점이 있습니다.

스토리의 대가 로버트 맥기는 스토리에서 위기를 필수 요소로 꼽습니다. 위기가 없는 영화나 소설이 김빠진 샴페인인 것처럼, 위기 없는 삶도 매력적이지 않습니다. 삶 역시 스토리니까요. 배드 뉴스가 벌어진 순간, 자신의 삶이라는 스토리 속에서 절정에 다다르고 있고, 자신의 결정에 따라 해피엔딩이 될 수 있음을 염두에 두어야 합니다. "열대 우림의 나무에는 나이테가 없어요. 나이테는 추위를 겪어야 생기죠. 가장 어려웠던 순간을 떠올리면 자신의 삶에 나이테가 하나 생기게 되지요."[43] 이어령 선생이 2013년 말 한 언론과의 인터뷰에서 한 이야기입니다. 우리도 이 말을 곱씹어볼 필요가 있습니다. 배드 뉴스는 우리 삶에 나이테를 하나씩 그려주는, 즉 깊이를 더해주는 요소입니다.

스토리를 해피엔딩으로 마무리 지으려면 어떻게 해야 할까요? 배드 뉴스와 맞닥뜨릴 때, 우리는 남들 앞에 보일 비참한 자기 모습에 더욱 절망합니다. 그러나 자기 안에는 영웅도 있음을 빨리 알아차려야 할 것입니다. 우리나라에도 진출한 킨코스의 창립자 폴 오팔라는 어린 시절 주의력 결핍 과잉 행동장애에 난독증을 가진 아이였습니다. 그의 위대한 멘토였던 어머니는 이렇게 말했습니다. "걱정 마라, 폴. 지금 학교에서 성적 A를 받는 학생이 나중에는 B 받던 학생을 위해 일하고, C 받던 학생은 사업을 하며, D 받던 학생은 나중에 자기 이름을 새긴 빌딩을 남긴단다." 결국 폴 오팔라는 책을 제대로 읽지 못하는 것에 좌절하지 않고 모든 것을 경험을 통해 배우겠다고 결심하고는, 오늘의 성공을 이루었습니다.

이 이야기를 들으며 비엔나에서 보았던 에곤 실레의 작품을 떠올렸습니다. 그는 스물여덟이란 짧은 생을 살면서 무려 백여 편의 자화상을 그렸는데 독특하게도 그림에 두세 명의 자아를 그려 넣었습니다. 자아가 하나가 아니라는 것을 보여주는 이 그림을 보고 있노라면 배드 뉴스로 절망하는 자아 옆에 이를 극복하는 자아도 함께 있다는 생각을 하게 됩니다.

긍정의 힘이 도움이 될까?

여기에서 짧게나마 긍정적 사고와 부정적 사고가 굿 뉴스와 배드 뉴스에 어떻게 연결되는지 말씀드리겠습니다. 삶이란 굿 뉴스와 배드 뉴스의 교차라고 볼 수 있습니다. 물론 굿 뉴스가 배드 뉴스보다는 많기를 누구나 바랍니다. 굿 뉴스를 만들어내기 위해 우리는 긍정적으로 생각할 필요가 있습니다. "잘될 거야!", "괜찮을 거야!"와 같은 자신감과 긍정적인 사고 말이지요. 그러나 배드 뉴스는 어떨까요? 사실 위기관리에서 긍정적 사고는 피해야 합니다. 특히 배드 뉴스를 예방하고 싶다면 적절히 비관적 관점을 가져야 합니다. "이게 괜찮을까?", "이게 잘 될 수 있을까?" 하고 말이지요.

이는 마치 저축만 하지 않고, 만일을 대비하기 위해 보험이나 연금을 드는 것과 마찬가지입니다. 내 집 마련, 결혼, 해외여행 등 좋은 일들을 위해 저축을 한다면, 아프거나 갑자기 사고를 당하거나 직장을 잃었을 때를 대비해 보험이나 연금을 들지요. 마찬가지로 우리 삶에 교차해서 나타나는 굿 뉴스와 배드 뉴스에 대응하기 위해서는 긍정적 사고와 부정적 사고를 적절히 섞어 써야 합니다. 적절성이란 과연 어느 정도일까요? 긍정적 정서를 연구한 미국 노스캐롤라이나 대학의 바바라 프레드릭슨 교수와 브라질의 사회과학자 마르시알 로사다는 매우 흥미로운 연구를 실시했는데요. 이를 다니엘 핑크는《파는 것이 인간이다》에서 이렇게 소개하고 있습니다.

> 긍정적 감정 대 부정적 감정 비율이 11대 1을 넘어가면 긍정적 감정은 득보다 해가 되기 시작한다. 긍정적 감정이 이 비율을 넘기면, 자기기만에 빠져 자기계발을 등한시하는 대책 없이 낙천적이고 한심한 인생을 살아가게 된다. 어느 정도의 부정적 감정은 반드시 필요하다. 프레드릭슨 교수와 로사다 교수는 이를 '적절한 비관성' 이라고 일컫는다.[44]

굿 뉴스와 배드 뉴스는 누가 규정하는가

친구와 '과연 누가 굿 뉴스와 배드 뉴스를 규정하는가'를 놓고 이야기를 나눈 적이 있습니다. 크게 두 가지 답이 존재한다는 결론을 내렸습니다. 하나는 시간이고, 또 하나는 나 자신입니다. 가수 이승철이 TV 토크쇼에 나와 대마초 사건은 가장 후회되는 사건이기도 했지만, 출연 정지 기간 동안 작곡과 연습에 몰입할 수 있어 전화위복이 되었다고 말한 적이 있습니다. 군대를 두 번 간 싸이 역시 마찬가지이죠. 대마초나 군대 문제 모두 그들에게는 엄청난 배드 뉴스였습니다. 하지만 그 시간을 견디면서 그들은 스스로 배드 뉴스를 굿 뉴스로 바꾸었습니다.

앞에서 미국 산타모니카의 선물가게 이야기를 했는데요. 그때 산 냉장고 자석에서 인생에 도움이 되는 중요한 문구를 또 하나 발견했습니다. "결국 모든 것은 끝에 가면 다 괜찮아질 거야. 만약 괜찮지 않다면, 그건 아직 끝까지 오지 않았다는 말이지." 거의 같은 대사가 2011년 영화 〈메리골드 호텔〉에도 나옵니다.[45] 이 말은 두고두고 제게 큰 힘이 되었습니다. 노트를 주문해서 만들 때에 이 말을 새겨 넣기도 했습니다. 일이 뭔가 꼬이고 배드 뉴스가 생길 때, 이 말을 떠올리며 '아직 게임은 끝나지 않았어'라고 스스로에게 말하곤 했습니다. 나의 멘토 중 한 사람은 "실패란 길가에 튀어 올라온 돌 같은 것"이라고 일러주었습니다.

결국 살면서 겪는 굿 뉴스와 배드 뉴스는 이벤트이자 해프닝입니다. 일시적인 일이지요. 중요한 것은 굿 뉴스와 배드 뉴스를 대하는 우리의 태도입니다. 굿 뉴스 앞에서 너무 뻐긴다면 그 굿 뉴스는 곧 배드 뉴스의 시작이 될 수 있습니다. 옆에서 조언을 해 줄 수 있는 친구가 있고 배드 뉴스를 있는 그대로 받아들인다면 이는 굿 뉴스로 넘어가는 터닝 포인트가 될 수도 있습니다.

싸이의 말처럼 삶에는 굴곡이 있기 마련입니다. 그러나 그 굴곡이 굿 뉴스인지 배드 뉴스인지 규정하는 것은 결국 나 자신의 태도입니다. 굿 뉴스와 배드 뉴스를 대하는 서바이벌 키트의 핵심은 바로 그 태도이며, 한마디로 요약하면 박완서 선생의 말처럼 엄살떨지 않는 것입니다.

나만의 서바이벌 키트 만들기 4

1. 연말이 되면 각 언론사에서는 올해의 10대 뉴스를 발표하곤 합니다. 올해를 반성하고 더 나은 내년을 계획하기 위해서지요. 우리 삶에도 같은 원칙을 적용할 수 있습니다. 당신이 꼽는 '삶의 10대 뉴스'는 무엇입니까? 내 삶의 터닝 포인트를 만들어준 사건을 위주로 뽑으십시오. 여러 차례 승진을 했다 하더라도 그 중에 특별히 의미가 있던 승진이 있을 겁니다. 그런 것들을 기준으로 열 가지를 골라보십시오.

2. 모든 뉴스는 내 삶에 한 가지 이상의 중요한 메시지를 담고 있습니다. 제가 좋아하는 선배는 갑작스럽게 심장에 문제가 생겨 큰 수술을 받았습니다. 이후 완쾌는 되었지만 당시에는 엄청난 배드 뉴스였죠. 그러나 그 사건 이후 무리해가며 진행하던 사업을 모두 정리하고 지금은 비영리단체를 운영하며 행복한 삶을 살고 있습니다. 배드 뉴스가 주는 메시지를 긍정적으로 해석하고 '갈아타기'를 한 것이죠.

반면 제가 사장이 되었던 건 당시에는 굿 뉴스였습니다. 그러나 그 사건이 제게 준 메시지는 제가 사장 역할을 그리 즐기지 않는다는 것이었습니다.

이제 10대 뉴스와 그것이 내게 준 메시지를 돌아보면서 이것이 굿 뉴스였는지 배드 뉴스였는지 적어보시기 바랍니다.

Survival Kit 5

역사

history

미래를 '돌아' 보고
과거를 '계획' 하라

"성공했지만 불행한 사람은
현재보다는 과거와 미래에 집착한다."

- 김정운[46]

"자네는 모든 것을 뒤로 미루는 못된 버릇이 있네.
마치 인생의 끝에 모든 즐거움이 기다리고 있기나
한 것처럼 말이네. 그러나 거기에는 아무것도 없다네.
늙고 병약하고 죽음을 두려워하는 주글주글한 육체
외에는 말이네. 내가 너무 심하다고 생각하나?
천만에, 나는 더 심하게 말할 수도 있다네.
그러나 오해는 하지 말게. 젊어서는 돈을 벌기 위해
젊음을 쓰고, 나이 들어서는 젊음을 되찾기 위해
돈을 쓰는 바보 같은 짓을 하지 말라는 뜻이네.
그때그때 미루지 말고, 그때의 정신으로,
그 순간 인생에 찾아든 기쁨을 추구하라는 말이네."

- 구본형[47]

과거는 후회의 대상이고, 미래는 계획의 대상입니다. 그러나 그렇게 되면 과거는 이미 지나가서 후회해봐야 어찌할 수 없고, 미래에 대한 꿈은 말처럼 늘 꿈으로만 남아 있게 되니, 무엇 하나 제대로 이루지 못합니다. 우리는 흔히 "그때 이렇게 했어야 했는데……"라고 후회를 하거나 아니면 "내가 더 큰 집만 사면, 내가 임원으로 승진만 하면, 내가 억대 연봉만 된다면……" 하며 꿈을 꿉니다. 이와는 다르게, 서바이벌 키트에서 미래는 '돌아보는' 대상이 되고 과거는 '계획'의 대상이 되며, 이 두 가지는 현재를 위해 쓰이게 됩니다. 스스로 자신의 역사를 만들어가는 것이죠. 이게 어떻게 가능하냐고요? 이제 하나씩 살펴보겠습니다.

미래를 돌아보기

퓨처 메모리 북

2007년 5월 초, 저는 사장으로 재직하던 회사에서 마지막 달을 보내고 있었습니다. 그즈음 책으로만 접하던 구본형 소장이 진행하는 '나의 꿈 첫 페이지'라는 워크숍에 참석했습니다. 마흔을 맞이하면서 제 자신에게 주는 선물이었죠. 경기도의 한 펜션에 아홉 명의 참가자들과 함께 도착해서 엄청난 양의 레몬을 직접 갈아서 주스를 만들었습니다. 소파에 편하게 둘러앉아 30분 간격으로 레몬주스를 한 컵씩 마시고, 세 시간 간격으로는 커다란 포도를 열 알씩 먹으며 워크숍을 이어나갔습니다. 일반적인 워크숍처럼 저녁에 치킨과 맥주를 마시는 일은 이곳에서는 일어나지 않습니다. 오히려 몸을 가볍게 하고 독소를 빼내어 정신을 맑게 하기 위해 단식을 하지요.

돌아가며 긴 이야기를 나누었고 때로는 혼자서 생각하는 시간이 주어졌습니다. 이 워크숍의 목적은 '10대 풍광'이라는 것을 완성하는 것입니다. 당시 2007년이었지만 2017년에 있다고 가정하고는, 지난 십 년(2007~2017) 동안 내 삶의 가장 아름다운 장면 열 가지를 돌아보며 정리해 공유하는 시간이었습니다. 구본형 소장은 이 열 가지 장면을 10대 풍광이라고 불렀습니다. 참석자들은 서로 돌아가면서 2박 3일 동안 만든 10대 풍광을 발표합니다. 발표할 때 몇 사람은 펑펑 울기도 했습니다. 간절한 소망이 사람을 그렇게 울게 하는 힘이 있다는 것을 그때 소름 돋게 느낄 수 있었습니다. 지금도 구본형 변화경영연구소의 웹사이트(http://www.bhgoo.com/2011/history5)에 가면 수많은 참가자들이 올려놓은 10대 풍광을 볼 수 있습니다. 앞서 2장에서 말씀드렸던 공개 약속의 힘을 여기에서도 활용하고 있지요. 저는 10대 풍광과 같은 방식을 '퓨처 메모리 북', 즉 미래의 기억을 적는 책이라고 이름 붙였습니다.

어떤 분들은 미래로 가서 과거 십 년을 돌아보는 것이 지금부터 미래 십 년을 계획하는 것과 뭐가 다르냐고, 말장난 아니냐고 생각하실지 모르겠습니다. 그러나 여기에는 매우 중요한 차이가 있습니다. 미래 십 년 동안의 열 가지 할 일을 계획하는 것은 꿈이자 희망의 상태, 즉 아직 이루어지지 않은 상황을 생각해보는 것입니다. 하지만 십 년 후로 자신의 위치를 바꾼 뒤, 그로부터 과거 십 년 동안 했던 열 가지를 생각해보는 것은 이미 이루어진 상황을 생각해보는 것입니다. 이제부터 차근차근 제가 참가했던 그 워크숍과 그 이후 제 삶을 토대로, 이러한 경험이 저에게 어떠한 영향을 끼쳤는지, 또 얼마나 여러분의 삶도 바꿀 수 있는지 이야기해보겠습니다. 2007년에 썼던 저의 10대 풍광은 이렇게 시작합니다.

> 2017년 중반. 내 나이 이제 우리 나이로 쉰이다. 세월은 어찌나 빠른지. 그러나 지난 십 년, 나의 40대는 내 인생에 있어 가장 행복한 기간이었다. 그리고 이제 50대와 그 이후의 행복을 지속할 수 있는 기반을 마련한 기간이었다. 따라서 매우 만족한다. 그리고 이제 50대 십 년을 기대한다. 나의 40대 인생에 있어 가장 아름다운 장

면 열 가지를 회상해본다.

저는 10대 풍광에 반년간의 하프 타임 갖기, 1인 주식회사 만들기, 책 읽고 책 쓰기, 나만의 도서관 갖기, 목수로 살아가기, 매년 하프 타임을 짧게라도 갖기, 즐길 수 있는 운동 찾기, 다른 사람을 돕기, 예술과 인문학을 코칭에 연결시켜보기, 평생 사랑할 사람 찾기 등을 적었습니다. 제가 2017년을 가정하고 만들었던 10대 풍광을 2011년과 2013년에 다시 돌아볼 기회가 있었습니다. 물론 백 퍼센트 완성되지는 않았지만, 놀랍게도 지난 육 년간 제 삶은 10대 풍광 쪽으로 훨씬 많이 다가가 있었습니다. 신기하지요? 상상만으로 미래에 간 다음 과거를 회상해보았더니, 저도 모르게 그렇게 회상했던 제 모습으로 제 삶을 채워왔습니다. 제가 육 년 동안 어떤 일들을 했는지를 말씀드리면 이 작업의 의미를 더 쉽게 알 수 있을 것입니다.

저는 실제 하프 타임을 반년 넘게 가졌고, 1인 주식회사를 만들었으며, 2011년에는 《쿨하게 사과하라》(정재승 공저)라는 첫 책을 출간했습니다. 이 책을 쓰고 있는 2013년에는 이 책을 포함 두 권의 책을 거의 마무리했고, 별도의 개인 도서관은 아니지만 마루와 서재, 사무실을 작은 도서관으로 만들었습니다. 2013년에 한 달간 또 다른 하프 타임을 가졌으며, 10킬로미터 마라톤 대회에 세 번을 출전해 완주했고, 사회복지사들과 수도회를 위해 무료 컨설팅과 워크숍을 진행했으며, 즉흥연기를 배워 이를 코칭에 접목시키는 작업을 했고 그리고…… 결혼을 했습니다. 정말 놀라울 정도로 제가 썼던 10대 풍광의 모습과 많이 가까워졌습니다.

막연한 꿈을 꾸기보다 십 년 뒤의 내 모습을 먼저 상상해보는 것. 그리고 그런 미래로부터 거꾸로 과거를 회상하는 방식으로 내가 하고 싶은 일을 생각해보는 퓨처 메모리 북 방식은 꿈을 보다 구체적으로 실현시켜줍니다. 왜일까요? 지금보다 십 년이나 더 나이 먹은 자신의 모습을 상상해보기 시작하면 우선 묘한 긴장감을 느끼게 됩니다. "십 년이 지나도 지금과 별반 차이가 없다면……", "그때도 지금과 똑같은 고민을 하고 있다면……" 같은 생각을 하게 되지요. 또한, 과거 시제로 미래를 '돌아보고' 쓰게 되면 보다 구체적으로 미래를 상상하게 됩니다.

10대 풍광처럼 미래 시점으로 가서 과거를 되돌아보는 방식, 즉 퓨처 메모리 북을 만들기 위해서는 무엇이 필요할까요?

첫째, 퓨처 메모리 북을 만들기 전에 내가 스스로 돌아보는 나와, 전문가의 객관적인 처방을 통해 돌아보는 나, 두 가지를 살펴보는 작업이 필요합니다. 전자는 퇴근 후에 혹은 주말에 할 수 있는 작업입니다. 먼저 내 삶을 돌아보며 기록합니다. 퓨처 메모리 북을 만드는 데 좋은 참고가 되도록 꼭 눈에 보이는 형태로 기록하는 것이 중요합니다. 두세 페이지여도 좋고, 열 페이지가 넘어도 좋습니다. 내 삶에서 의미가 있었던 사건이나 경험을 중심으로 적어도 좋고, 4장에서 나온 것처럼 굿 뉴스와 배드 뉴스 중심으로 서술해도 좋습니다. 다만 누구에게 보여주기 위한 것이 아니므로 솔직하게 적어보십시오. 내 삶과 대면하는 좋은 시간이 될 것입니다.

또 하나는 전문가의 도움을 받아 나를 돌아보는 것입니다. 최근 마인드프리즘이란 곳에서 진행하는 〈내 마음 보고서〉를 통해 진단해보았는데 이 역시 도움이 되었습니다. 단순히 어떤 스타일이나 수치로 나를 파악하는 것이 아니라, 5백여 개의 설문에 응답한 결과를 바탕으로 나에 대한 책 한 권을 만들어주고, 그 안에는 내 성격을 고려한 심리처방전과 함께 시 한 편도 담겨 있습니다. 무엇이든 나에게 맞는 심리테스트 등을 골라 직접 해보고 전문가의 조언을 듣는 것이 좋습니다.

둘째, 일상에서 벗어나는 것이 필요합니다. 십 년 뒤를 깊이 상상해보고 미래의 기억을 살펴보는 일이 평범한 행동은 아닙니다. 이를 위해서는 익숙하지 않은 환경 속으로 자신을 보내고, 혼자만의 시간을 확보하는 것이 필요합니다. 결혼을 하신 분이라면 이틀 정도 혼자만의 여행을 떠나보시라고 권합니다. 출장을 가실 일이 있다면 휴가를 며칠 더 내어 시간을 확보하는 것도 좋습니다. 익숙지 않은 공간으로 가서 최소 2박 3일 정도의 시간을 가지십시오. 한 번도 가보지 않은 곳, 국내나 해외일 수도 있고, 혹은 가본 지 오래 된 어린 시절의 추억이 있는 공간 모두 괜찮습니다. 준비물은 일반적인 여행 준비물에 빈 노트 한 권입니다. 식사는 단식까지는 아니더라도 최대한 가볍게 하십시오. 술이나 담배는 물론 금하고요. 몸을 가볍게 할수록 머리는 더욱 맑아지고 더 집중할 수 있으니까요. 십 년의 역사를 만드는 작업은 우리 삶의 중요한 의식이 될 것입니다.

셋째, 무조건 열 가지 풍경을 그려보기 이전에 먼저 십 년 뒤 자신의 모습을 한 번 상상해보십시오. 이때 중요한 것은 십 년 뒤 내가 바라던 대로 만족할 만한 상황이 되었다고 가정하는 것입니다. 그러기 위해서는 여러분이 바라던 십 년 뒤 모습이 어떤 것인지를 먼저 정해야겠지요. 바라던 직업적 성취, 원하던 행복한 가정과 취미, 남부럽지 않은 건강 상태, 단순한 지식의 축적이 아닌 지혜로운 상태. 만약 지금 마흔이라면 50세의 내 모습을 상상하며 느껴보는 것이지요. 50세에 나는 어떤 얼굴이 되어 있을까요? 어떤 옷을 입고 있을까요? 어떻게 걸음을 걸을까요?

넷째, 이제 십 년 뒤 미래에서 과거 십 년을 돌아볼 수 있는 상황을 하나 설정하시기 바랍니다. 모교의 초청으로 두 시간 정도 '지난 십 년, 내 삶의 가장 아름다운 열 가지 장면'에 대해 강연을 한다고 상상해도 좋고, 토크쇼에 초청받아 편안한 소파에 앉아 스포트라이트를 받으며 과거를 회상한다고 상상할 수 있겠지요. 혹은 기자와 지난 십 년을 돌아보는 인터뷰를 한다고 생각하실 수도 있고, 잡지에 칼럼을 기고한다고 상상해볼 수도 있습니다. 영국의 팝 아티스트인 피터 블레이크 경의 작품 중에 '나를 위한 박물관(A Museum for Myself)'이라는 작품이 있습니다. 구글에서 검색하시면 금방 작품을 보실 수 있을 것입니다. 저는 이 작품을 보면서 그런 생각을 했습니다. 만약 십 년 뒤에 자신의 과거 십 년을 되돌아 보면서 박물관에 전시를 한다면 나는 어떤 열 가지 장면을 전시하게 될까? 여러분으로 하여금 미래 십 년을 되돌아볼 수 있게 만드는 최적의 상황을 한 번 생각해보시고, 이제 빈 노트나 스케치북에 그 장면을 그림 혹은 글로 표현하십시오. 제 경우에는 기자와 인터뷰를 하는 상황을 가정하고, 기자의 질문에 대답하는 형식으로 썼던 기억이 납니다.

다섯째, 세계 최고의 리더십 코치 마셜 골드스미스가 구글에 가서 한 강연을 유튜브를 통해 본 적이 있습니다. 한 시간이 넘는 강연을 마치며 한 말을 요약해보면 다음과 같습니다.

> 세계에서 가장 훌륭한 코칭 훈련 방법을 알려드리지요. 95세가 된 내 모습을 상상해보세요. 이제 숨 한 번만 더 쉬면 당신은 세상을 떠나게 됩니다. 그 마지막 숨을 몰아쉬기 바로 전, 당신은 선물을 받게 됩니다. 바로 현재(당신이 20살이든 54살이든)의 당신에게 한 가지 조언을 전달할 수 있는 기회입니다. 과연 95세로 삶을 마감하는 당신은 현재의 당신에게 뭐라고 조언할 것 같습니까? 직업적인 측면에서는 뭐라고 말할 것 같습니까? 개인의 삶에 대해서는 뭐라고 말할 것 같습니까? 말할 필요도, 적을 필요도 없이 한 번 생각해보세요. 그리고 그냥 지금 그걸 하세요.

여러분이 참고하실 수 있도록 실제 삶이 얼마 남지 않은 사람들을 인터뷰한 결과를 말씀드리지요. 개인적 삶에 대해서는 첫째, "지금 행복하라" 는 것입니다. 내가 차를 사면, 내가 집을 사면 행복하겠다고 생각하지 말고 지금 이 순간을 즐기고 행복을 느끼라는 것입니다. 둘째, 가족과 친구들입니다. 당신이 죽을 때 옆에 있을 사람이 누구일까요? 아마도 직장 동료는 아닐 겁니다. 당신 곁에 함께할 가족, 친구들과 좀 더 시간을 보내도록 하세요. 셋째, 꿈이 있다면, 옆에서 누가 뭐라 하든 한 번 해보세요.

직업적 측면에서도 세 가지가 있습니다. 첫째, 자신이 하는 일을 즐기라는 것입니다. 만약 현재 자신이 하고 있는 일을 즐기지 않는다면, 당신은 잘못된 곳에 있는 것입니다. 둘째, 사람들을 도우라는 것입니다. 동료, 선후배들을 도우세요. 셋째, 직업에서도 꿈이 있다면 한 번 도전해보라는 것입니다.

세상을 오래 살아 지혜로워진 미래의 나는 세상을 떠나기 전, 지금의 나에게 뭐라고 조언해줄까요?

과거를 계획하기

미래에 원하는 모습을 지금 저질러라

퓨처 메모리 북을 통해 미래를 돌아보셨다면, 이제 과거를 계획할 차례입니다. 과거를 계획한다니……. 무슨 말이냐고요? 잠시 후 설명하겠습니다. 여기서 먼저 전 도쿄대학 강상중 교수의 책《살아야 하는 이유》중 일부분을 옮겨보겠습니다.

> 과거의 축적만이 그 사람의 인생이고, 이에 비해 미래라는 것은 아직 아무것도 이루어지지 않은 제로 상태입니다. 미래는 어디까지나 아직 없는 것이고 무(無)일 수밖에 없습니다. 분명한 것은, 과거는 신도 바꿀 수 없을 만큼 확실한 것이라는 점입니다. 극단적으로 말하자면 '내 인생' 이란 '내 과거' 이니, '나는 과거로소이다' 라고 해도 좋습니다. 그러므로 과거를 중요시하는 것은 인생을 중요시하는 것일 수밖에 없고, 역으로 '가능성' 이라든가 '꿈' 이라는 말만 연발하며 미래만 보려고 하는 것은 인생에 무책임한, 또는 그저 불안을 뒤로 미루기만 할 뿐인 태도라고 말할 수 있을 것입니다.[48]

그는 이 책에서 우리 사회가 미래만을 바라보고 중시하는 것이 시장경제에서 소비를 촉진하기 위한 것과 연관이 있다고 지적하고 있습니다. 시장경제에 대한 이야기는 차치하더라도, 저는 강상중 교수가 우리 삶에서 과거의 중요성을 지적한 것이 반가웠습니다. 실제 우리가 앞으로 십 년 뒤 미래를 계획해보는 것이 아니라 십 년이 지난 상태에서 과거를 회상하는 방식을 취하는 것도 제로 상태가 아닌 100의 상태, 이루어진 상태를 떠올리도록 하기 위해서입니다. 하지만 퓨처 메모리 북만 만든다면 아무런 소용이 없습니다. 이 작업은 반드시 과거를 계획하는 것으로 연결이 되어야 서바이벌 키트로서 의미가 있습니다.

그렇다면 과거를 계획한다는 말이 무슨 뜻인지 구체적으로 말씀드리겠습니다. 이해를 돕기 위해서 퓨처 메모리 북에 '책 쓰기'를 적었다고 생각해보지요. 이루어진 상태, 즉 100의 상태가 내 이름으로 책을 출간하는 것입니다. 퓨처 메모리 북을 만들고 나서는 지금 시점에서 미래의 기억을 조금씩이라도 (5 혹은 10의 상태라도) 과거로 만들 수 있는 일을 바로 해야 합니다. 블로그를 오늘 당장 오픈하고 글쓰기를 시작해야지요. 목수를 꿈꾸는 제가 회사 사업자등록증에 가구 제작과 목공이라는 사업 종목을 추가한 것도 같은 맥락입니다. 지금 당장 시작하지 않으면 미래 계획들은 거의 대부분 영원히 현실화되지 않습니다. 아시죠? '언젠가는' 혹은 '나중에'라는 말은 결국 '평생 한 번도 못하고'와 동일어라는 것을. 이 책을 읽으시는 분들도 그런 경험이 있을 것입니다. 저는 강상중 교수가 말하는 과거의 중요성을 이렇게 해석합니다. 지금부터 미래에 원하는 모습을 과거로 만들어가기 시작해야 한다고. 결국 미래와 과거의 중요성은 지금 저지르기로 연결될 때 의미가 있다고. 이제 왜 '할 수 있다(I Can)'보다 '했다(I Did)'가 더 의미 있는 말인지 이해가 가시리라 생각합니다.

현재라는 프로토타입

내가 원하는 과거를 만들기 위해 오늘을 써라

마시멜로 챌린지라는 게임에 대해 들어보셨나요? 피터 스킬먼과 탐 워젝의 테드 강연[49]으로 널리 알려진 간단한 게임입니다. 네 명이 한 조가 되어 익지 않은 스파게티면 20가닥, 90센티미터짜리 테이프와 줄, 그리고 마시멜로 한 개를 받습니다. 이 재료들을 활용하여 가장 높은 탑을 쌓는 팀이 승리하는데, 스파게티나 테이프 줄은 끊어서 사용할 수 있지만, 마시멜로는 쪼개면 안 됩니다. 또한 마시멜로는 반드시 가장 꼭대기에 놓여야 합니다. 주어진 시간은 18분입니다. 이 게임에서 흥미로운 결과 중 하나는 경영대학 졸업생들이 쌓는 탑의 평균 높이가 25센티미터이지만, 유치원을 막 졸업한 어린이들의 평균 높이는 66센티미터라는 점입니다. 왜 이런 어처구니없는 결과가 나왔을까요? 성인들은 오랫동안 기획을 하고, 심지어 대략의 구조를 스케치까지 한 다음에 마지막에 가서야 탑을 쌓고, 최종 순간에 마시멜로를 맨 위에 올렸다가 그 무게 때문에 탑이 무너지거나 높이가 줄어듭니다. 하지만 어린이들은 기획을 하기보다는 처음부터 스파게티를 이리저리 세워보고, 그 위에 마시멜로를 얹어보면서 조금씩 구조를 잡아갑니다. 어린이들은 처음부터 일종의 시제품, 즉 프로토타입을 만들어보면서 최종 작품을 완성하지요.[50] 기획과 프로토타입의 차이 때문에 어린이들이 만든 탑과 경영대학 졸업생들이 만든 탑의 높이가 달라진다고 볼 수 있습니다.

하고 싶은 것이 책 쓰기라면 지금부터 블로그의 형태로라도 프로토타입을 만들어가야 결국 우리 삶에서 이루고자 하는 탑을 쌓을 수 있습니다. 생각만 하고 계획만 하는 것은 삶에 도움이 되지 않지요. 그래서 미래를 돌아보고, 그 돌아본 미래를 계획된 과거로 만들기 위해서는 바로 지금부터 프로토타입을 만들어야 하는 것입니다. 일에는 때가 있다고요? 그럴지도 모릅니다. 하지만 때를 기다려 되는 일이 얼마나 있었습니까? 최종 완성은 나중일지 몰라도 지금부터 프로토타입을 만들지 않는다면 우리는 결국 미래를 계획만 하고 있는 상태에 머무르게 될 것입니다. 아름다운 과거와 희망찬 미래를 위해서는 지금 이 순간 역시 중요합니다. 프로토타입을 만들어가는 현재 말입니다.

현재의 중요성에 대한 생각은 2013년 주변 지인들이 세상을 떠나는 모습을 지켜보며 더욱 강해졌습니다. 한 사람은 50대 선배 형이었습니다. 몇 년 전 위암 초기 진단을 받고 수술도 하긴 했지만 너무나 건강하고 유쾌했던 선배였습니다. 그러다 갑자기 응급실에 들어가 수술을 받았고, 하루 만에 세상을 떠났습니다. 주변 가족이나 친구들도 그리고 본인도 자신의 죽음을 전혀 예상하지 못했습니다. 반면 영화평론가였던 대학 동창 친구는 폐암 진단을 받고 한참 치료를 받았습니다. 그러다가 의사의 권유에 따라 항암 치료를 멈추고 마지막 몇 개월 동안 남은 삶을 정리했습니다. 마지막 영화평론집《익스트림 씨네 다이어리》도 내고, 출판 기념 파티도 하고, 자신의 죽음을 충분히 준비하며 맞이했습니다. 저는 두 사람이 세상을 떠나는 모습을 보면서 죽음이 우리에게 다가오는 방식에는 두 가지가 있다는 것을 새삼스레 되새겼습니다. 예상할 수 있거나 예상할 수 없거나.

미국의 소설가 잭 런던은 '자연이 생에 부여한 단 하나의 법칙이 바로 죽음'이라고 했습니다. 삶의 법칙이 죽음이라면 죽음의 법칙은 무엇일까요? 죽음을 예상할 수 있다고 딱히 좋은 것도 없습니다. 예상할 수 없는 죽음이 더 낫다고 할 수도 없습니다. 누구도 자신이 예상할 수 있는 방식으로 죽음을 맞이할지 혹은 예상치 못하게 접할지 알 수 없습니다.《로마인 이야기》를 쓴 시오노 나나미는 〈동아일보〉와의 인터뷰에서 이렇게 말했습니다. "잘 보낸 하루 후에 편안한 잠이 찾아오듯, 잘 보낸 삶 후에는 차분한 죽음이 찾아온다." 죽음의 법칙이란 결국 삶이고, 죽음의 기술은 삶을 어떻게 보낼 것인가와 연결이 됩니다. 다코타 패닝이 시한부 인생을 사는 소녀로 나온 영화 〈나우 이즈 굿〉을 보셨나요? 제목만으로도 많은 것을 이야기해주지 않습니까? 지금이 바로 '그때'입니다. 결국 삶과 죽음 사이에는 오늘만이 있습니다. 돈은 미래를 위해 저축하지만, 삶은 오늘을 내가 원하는 과거로 만들기 위해 써야 하지 않을까요?

부고 기사 쓰기

"삶의 마지막 순간에 바다와 하늘과 별 또는 사랑하는 사람들을 마지막으로 한 번만 더 볼 수 있게 해달라고 기도하지 마십시오. 지금 그들을 보러 가십시오." 일생을 죽음에 대한 연구를 통해 세상 사람들에게 삶이란 무엇인지에 대해 큰 영향을 끼쳤던 엘리자베스 퀴블러 로스가 데이비드 케슬러와 쓴 《인생 수업》의 마지막 문장입니다. 여러분께도 꼭 추천하고 싶은 책입니다. 그녀는 죽음을 눈앞에 둔 사람들을 만나고 연구하면서 이들이 죽음에 직면해서야 세상에서 가졌던 직책이나 역할이 아닌 내가 정말 누구인지에 대한 진지한 질문을 한다고 적고 있습니다. "우리가 병에 걸려 더 이상 은행원, 여행가, 의사, 어머니의 역할을 할 수 없는 날이 오면, 우리는 스스로에게 중요한 질문을 던집니다. '내가 만일 그런 사람들이 아니라면, 나는 과연 누구인가?'"[51]

제가 이 책을 읽은 것은 어느 금요일 저녁이었습니다. 한 번 잡은 책을 도저히 놓지 못해 토요일 새벽까지 다 읽게 되었는데요. 이 책을 읽으며 미래에 대한 꿈만 꾸면서 현재에는 별다른 변화를 시도하지 않고 과거에만 얽매여 사는 우리가 제대로 살기 위해 할 수 있는 가장 급진적인 방법은 무엇일지에 대해 생각해보았습니다. 이 책을 읽은 아내와 이야기를 나누다, 그 방법에 대해 장례식과 부고 기사를 떠올렸습니다. 우리는 죽음에 대해, 특히 자신의 죽음에 대해 생각하는 것을 피하고 터부시합니다. 결혼식은 어떻게 치를지 오랜 시간 고민하면서도 자신의 장례식이 어땠으면 좋겠다는 생각은 하지 않습니다. 저 역시 그랬습니다. 왠지 재수 없을 것 같거든요. 하지만 그럴까요? 《인생 수업》을 읽으면서 인식이 바뀌었습니다. 엘리자베스 퀴블러 로스가 평생 죽음에 대한 연구를 통해 삶의 중요성과 지혜를 세상에 밝혔듯이, 자신의 죽음을 떠올리는 것은 현재의 삶을 어떻게 살아야 할지에 대해 빛을 비추어준다고 여기게 되었습니다.

장례식장에 널려있는 조화들은 고인을 추모하는 의미라기보다는 돌아가신 분이나 그 가족의 위세를 나타내기 위한 것입니다. 장례식장에서 고인은 주인공이 되지 못합니다. 돌아가신 분의 삶을 떠올려보고 진심으로 추모하는 분위기와는 거리가 멀지요. 우리나라의 장례 절차는 그저 남은 이들이 슬픔을 빨리 극복하도록 하는 데 초점이 맞춰져 있으니까요. 제 장례식에는 그저 조촐하게 저와 진심으로 가까웠던 가족과 친구들 스무 명 정도가 모였으면 좋겠습니다. 장소도 병원보다는 작은 성당 같은 곳이길 바랍니다. 제가 좋아했던 노래, 예를 들어 엘튼 존의 'Your song'이나 필 콜린스의 'You can't hurry love', 'Easy lover'가 흘러나왔으면 합니다. 음식은 장례식장에 늘 나오는 그 음식 말고 제가 평생 좋아했던 샴페인, 폴 로저(Pol Roger)의 최고 등급인 서 윈스턴 처칠(Sir Winston Churchill)과 제가 즐기던 음식을 두고, 사람들이 서로 저에 대한 기억을 한마디씩 나누는 조촐한 자리였으면 합니다.

인터넷 어느 공간에 저에 대한 부고 기사가 올라온다면 저는 제가 직장에서 어떤 일들을 했고, 어떤 직책을 가졌다기보다는 제가 얼마나 재미있게 살았고, 제가 살면서 무엇을 좋아했는지를 적었으면 좋겠습니다. 저는 부고 기사를 써보았는데 상상과는 정말 다르더군요. 살짝 떨리기도 하고 매우 진지해집니다. 현재의 삶을 전혀 다른 시각으로 바라보게 되고요. 제가 써보았던 부고 기사의 일부를 공개하면 다음과 같습니다.

> 아내를 매일 웃게 했던 사람. 기업의 위기관리 컨설턴트로 커리어를 시작했으나, 인생 후반부에 그는 사람들이 살면서 겪게 되는 배드 뉴스를 제대로 극복하는 방법에 더 많은 관심을 가졌다. 평생 아마추어 목수로 살며 책상과 책장, 의자를 꾸준히 만들었다. 자기이름을 걸고 목공소를 열었지만, 작품이 별로 팔리지는 않았다. 그래도 두 번에 걸쳐 디자인 전시회에 부스를 차려놓고 자신의 작품을 전시하는 뻔뻔함도 있었다. 샴페인과 화이트와인, 그리고 치즈를 좋아했다. 먹고 마시며 배운 것들이라는 주제로 평생 아내와 함께 글을 썼으며 이를 바탕으로 몇 권의 책을 냈다. 요리하는 것을 좋아했으며 특히 간장 떡볶이는 자신이 최고라고 믿었다(주변 사람들은 솔직히 그 정도는 아니었다고 전한다). 먹는 것을 좋아해서인지 늘 살을 빼고 있다고 말하면서도 정작 살을 많이 빼지는 못했다. 조직을 컨설팅하면서도 정작 자신은 조직에 얽매이는 생활을 싫어했다. 평생에 걸쳐 사과와 소통에 대한 연구를 했으며, 리더들에게 잘못을 어떻게 공개하는 것이 좋은지, 리더의 언어로 어떻게

> 사과해야 하는지에 대해 바른 생각을 심어주기 위해 노력했다. 우연히 한 수녀원의 요청으로 40대에 봉사로 시작했던 조직 커뮤니케이션 컨설팅이 계속 입소문을 타고 이어져 가톨릭 수도원에서 가장 선호하는 컨설턴트가 되었다.

제 주위에는 자신의 묘비문을 매년 쓰는 선배가 있습니다. 부고 기사를 써보니 그분이 왜 그런 의식을 매년 갖는지 이해가 되었습니다. 위의 부고 기사도 매년 수정이 될 것입니다. 1년에 한 번씩이라도 자신의 부고 기사와 마주하는 시간은 삶에 대해 깊이 생각해보고, 현재를 더 충실하게 살도록 커다란 동기를 부여합니다.

나만의 서바이벌 키트 만들기 5

1. 당신만의 퓨처 메모리 북을 만들어보세요. 그리고 미래의 기억들을 어떻게 과거의 일로 만들어갈지 계획해보시기 바랍니다.

2. 아일랜드 더블린에서 열린 창조성 워크숍에서 '기억의 리스트'라는 것을 만들어본 적이 있습니다. 모든 문장을 "그는 ○○○을 기억한다"로 만들어가면서, 자신의 기억하는 것은 무엇이든 계속 적어가는 것입니다. '그', 3인칭으로 표현하는 것은 자신의 과거를 좀 더 떨어뜨려놓고 볼 수 있게 하기 위해서입니다. 여러분도 일정 기간을 두고 기억의 리스트를 만들어보십시오. 그리고 이 중에서 자신이 가장 좋아하는 기억은 무엇인지 그리고 자신의 리스트가 어떤 시기, 어떤 사건, 어떤 분위기에 집중되어 있는지 등을 스스로 살펴보시기 바랍니다.

Survival Kit 6

균형

b a l a n c e

삶의 GPS,

고Go / 플레이Play / 스톱Stop

"나는 은행만을 위해 일하다
너무 많은 것을 잃었다.
사랑하는 당신, 아들들아. 미안하다. 미안하다.
아빠처럼 바보 같은 삶을 살지 마라."

- 1999년 한강에서 자살한 한 외국계 은행 지점장[52]

마지막 여섯 번째 서바이벌 키트는 균형입니다. 이를 설명하기 위해 삶의 정거장이라는 개념을 사용하려 합니다. 여러분은 위성항법장치를 뜻하는 GPS라는 용어를 들어보신 적이 있을 겁니다. GPS는 인공위성을 통해 비행기, 자동차, 선박 등에게 위치를 정확하게 알려주는 시스템이죠. 삶의 세 가지 정거장인 고, 플레이, 스톱의 앞 글자를 따면 GPS인데요. 실제로 이 세 가지 삶의 정거장은 내 삶이 어디쯤 있는지, 그리고 어디로 가고 있는지 위치를 잡는 데 도움을 줍니다.

"미국, 어디까지 가봤니?"라는 한 항공사의 광고 카피가 유행한 적이 있습니다. 이 카피는 광고뿐 아니라 책, 스마트폰 어플 등에도 쓰여서 "커피, 어디까지 마셔봤니?" 등으로 다양하게 응용되었습니다. 삶의 제1 정거장을 한마디로 표현하면 "일, 어디까지 가봤니?"라고 할 수 있습니다. 제게도 전설이 있습니다. 무슨 전설이냐구요? 대단한 것은 아니고요. 일에 몰입해서 미친 듯이 일하던 시절이 있었다는 것입니다. 30대 때 그랬습니다. 거짓말이 아니라 월요일이 기다려졌고, 밤에 쓰기 시작한 리포트를 마쳤을 때쯤 해가 떠올랐지요. 밤 열 시에 퇴근했다가 새벽 세 시에 출근하기도 했습니다.

"일, 어디까지 가봤니?"는 달리 표현하면 "어디까지 일에 미쳐봤니?"라고 말할 수 있습니다. 하지만 여기에서 중요한 점이 있습니다. 삶의 정거장으로서 고는 단순히 매일 야근하던 경험을 말하는 것이 아닙니다. 자신이 열정을 갖고 있는 일에 미쳐본 경험을 뜻하죠. 관심도 없는 직장에서 상사 잘못 만나 매일 어쩔 수 없이 야근하던 게 아니라, 일이 너무 재미있어 몰입하느라 시간 가는 줄 모르고 일했던 경험 말입니다. 또한 여기에서 말하는 일은 직업으로서의 일을 뜻합니다.

2013년에 저는 친구의 진로 고민 상담을 하게 되었습니다. 매주 월요일마다 만나 두 시간 정도씩 이야기를 나누었습니다. 초반에는 이 책에서 소개된 서바이벌 키트들을 주로 활용하여 삶을 돌아보고, 자신을 새롭게 바라보는 작업을 했습니다. 이 과정을 통해 삼십 년 넘게 알고 지낸 단짝 친구에 대해서 모르던 것을 많이 알게 되었습니다. 친구가 가진 문제점은 비교적 명확하게 다가왔습니다. 마흔다섯이 될 때까지 한 번도 무엇인가에 몰입해본 경험이 없었습니다. 지난 이십여 년 동안 해온 일도 더 이상 열정의 대상은 아니었습니다. 어느 정도 문제가 파악이 되자 만날 때마다 북촌에서 함께 점심 식사를 하고 정독 도서관 정원이나 근처 카페에서 이야기를 나누었습니다. 그가 해야 할 것은 무엇인가 몰입할 수 있는 대상을 찾는 것이었습니다. 제가 친구에게 내준 과제물 중에는 동네 상가의 가게를 분석하는 것이 있었는데, 제 친구는 유난히 빵집과 식당에 관심을 보였습니다. 게다가 저도 몰랐는데, 요리가 취미라고 하더군요. 결국 고민 끝에 친구는 사업을 과감하게 정리하고, 요리학교에 지원하여 행복하게 다니고 있습니다. 뒤늦게 몰입할 대상을 찾은 제 친구는 과거와는 다른 사람처럼 느껴집니다. 특히 요리에 대해 이야기할 때 더욱 그렇습니다. 오랜 친구가 이처럼 자신의 일에 대해 진지하게 그리고 멋있게 이야기하는 것을 본 적이 없거든요.

말콤 글래드웰의 《아웃라이어》를 통해 우리에게 널리 알려진 '1만 시간의 법칙'이나 미하이 칙센트미하이의 《몰입의 즐거움》을 통해 유행하게 된 몰입이란 단어 모두 이러한 '고'에 해당합니다. 《아웃라이어》에 보면 "1만 시간은 대략 하루 세 시간, 일주일에 스무 시간씩 십 년간 연습한 것과 같다."라고 말합니다.[53] 앞서 35~45세에 자신의 '직업'을 만들어야 한다는 것을 '고'와 연결시켜 설명하면 이렇습니다. 35세까지는 자신이 몰입할 수 있는 분야를 만들고, 35~45세에 1만 시간의 연습을 통해 자신만의 직업을 만들어야 합니다. 물론 하루 세 시간씩 십 년을 연습하든, 여섯 시간씩 오 년을 연습하든, 그것은 상황에 따라 다르겠지요. 나이 마흔다섯에 몰입할 대상을 찾은 제 친구는 이제 하루 세 시간이 아니라 아홉 시간을 해도 모자랄 테니 몰입 강도를 높여야 할 것입니다. 십 년 동안 1만 시간을 쌓을 여유가 없는 상황이니까요.

제 친구가 이런 말을 했습니다. 몇 개월 동안 자신의 삶에 대해 진지하게 돌아보는 시간을 십 년 전에만 가졌더라면 훨씬 더 좋았을 것이라고……. 자신이 좋아하는 일을 지금 하고 있다면 크게 걱정할 필요는 없습니다. 하지만 별로 동기부여가 되지 않아 몰입할 수 없는 일을 지금 하고 있다면, "일단은 돈 벌고……", "일단은 과장 달고……", "일단은……" 이라는 생각을 접고 진지하게 고민해보시길 바랍니다.

미치도록 일해보는 경험을 갖는 것은 왜 중요할까요? 이는 앞서 이야기했던 직장이 아닌 직업을 만드는 것과 밀접한 연관성이 있습니다. 남이 만들어놓은 조직을 떠나서도 자신의 전문성으로 직장을 스스로 만들고 일할 수 있는 상태, 즉 직업을 갖기 위해서는 자기 분야에서 워커홀릭으로 지내본 일정 기간이 꼭 필요하기 때문입니다. 이러한 시간을 갖지 못하면 경제적 기반은 물론 삶의 의미마저 흔들릴 수 있습니다. 직업이 삶의 전부는 아니지만 자기가 미치도록 좋아하는 일을 미치도록 하는 기간은 우리 삶에 큰 기반이 됩니다. 현실적으로 놓고 보면 이런 기간을 가능하면 젊고 건강할 때 가지면 더 좋겠지요.

이 책의 첫 장부터 여기까지 읽으신 분이라면 다소 의아해할 수 있습니다. 앞에서는 삶의 균형이 중요하다더니, 이제 와서 일에 미쳐 살라고? 이에 대해 정확하게 설명하겠습니다. 여기에서 말하는 '고'는 직장에서 열심히 일하는 기간이라기보다는 자기만의 직업을 찾아 일의 재미에 빠져드는 기간입니다. 이 기간에는 힘들다고 불평하면서도 일이 주는 성취감에 취해 지냅니다. 그런 기간이 오 년에서 십 년 정도가 있어야 하고, 가능하다면 30대나 40대 초반까지 경험하는 것이 좋습니다. 이 기간 중에는 삶의 균형이 없다고 느낄 수 있습니다. 하지만 역설적이게도 젊을 때 균형을 깨어가면서 자신의 일에 미쳐본 경험이 그 이후 삶에 여유와 균형을 주는 데 핵심적인 도움이 됩니다. 이 경험을 통해 자기만의 직업이 확실하게 생길 수 있기 때문이지요. 이 말은 홀로 설 수 있는 기반을 마련한다는 뜻입니다. 이 과정에서 우리는 직장이 아닌 직업을 찾아내 자신만의 것으로 만들어가게 됩니다. 어떻게 해야 할지 궁금하다면 이 책의 1장을 다시 읽어보시기 바랍니다. 결국 직업을 찾아야 '고'를 할 수 있습니다.

고라는 정거장이 "(직업적) 일에 어디까지 가봤니?"라고 묻는다면 플레이 정거장은 "(일이 아닌) 일에 어디까지 가봤니?"라고 묻습니다. '일이 아닌 일'이란 직업 말고 다른 것을 말합니다. 가장 쉽게 생각할 수 있는 것이 취미지요. 여러분은 회사 일 빼고 미쳐본 분야가 있습니까? 영화가 될 수도 있고, 특정 배우가 될 수도 있습니다. 스포츠가 될 수도 있고, 프로 야구가 될 수도 있습니다. 요리가 될 수도 있고, 라면이 될 수도 있습니다. 넓은 분야일 수도 있고, 좁은 분야일 수도 있다는 말입니다.

지난 일주일을 한 번 돌이켜 생각해보십시오. '일하고 쉬고'의 반복이었나요? 플레이라는 정거장이 있는 사람은 '일하고 놀고 쉬고'입니다. 물론 여기에서 '놀고'는 회식에서 술 마시는 것을 뜻하지 않습니다. 자기만의 놀이를 즐기는 시간입니다. 와인에 대한 관심이 있어 강좌를 찾아다니거나, 혹은 책이나 인터넷을 통해 자기만의 놀이로서 공부를 하고 시음을 한다면 이는 훌륭한 놀이입니다. 제 초등학교 친구는 SF 영화 보는 것이 놀이입니다. 한동안 이 친구와 저, 영화를 전공한 선배 셋이서 새로운 놀이를 했습니다. 정기적으로 만나 저녁을 함께 먹으면서 한 영화에 대해 잡담을 하는 것입니다. 주로 영화 속 인물이 어떤 형태로든 죽음을 맞이한 영화를 골라 보면서 죽음이 삶에 어떤 의미인지에 대해 이야기를 나누었습니다. 영화에 대한 의견을 글로 정리하여 서로 읽기도 합니다. 2주마다 하는 이 놀이를 보고 제 아내는 학창 시절 특별 활동에 빗대어 '아저씨들의 CA'라고 놀려대기도 합니다. 반면 제 아내에게 놀이 대상은 주방입니다. 전업주부도 아니고 바쁜 잡지사 기자로 살아가지만 주방에서 음식을 만들고 조리용품 정리하는 것을 일이 아닌 놀이로 삼고 있습니다. 부엌에 있는 모든 조리 도구와 테이블웨어를 엑셀 파일에 정리하여 관리할 정도입니다. 그것도 아주 행복한 표정으로!

플레이는 우리 삶에서 왜 중요할까요? 서울대 정신건강의학과의 윤대현 교수는 이렇게 말합니다. "인생의 반은 성취를 위해 열심히 달린다면, 나머지 반은 취미에 쏟아야 합니다. 열심히 달릴 때 뇌는 방전됩니다. 충전시켜줘야 하는데, 이게 쉽지 않습니다. 가만히 둔다고 뇌는 충전되지 않거든요. 뇌를 충전하려면 뇌를 즐겁게 해줘야 합니다. 그런데 뇌는 아무것에나 즐거워하지 않습니다. 즐겁게 반응하도록 훈련하는 게 바로 취미생활입니다."[54]

저는 플레이의 중요성을 30대 후반에 와서야 알게 되었습니다. 직장에서 계속 승진했고 성공도 했지만 행복하지 못했습니다. 제 코치는 그 이유를 저만의 놀이가 없고, 그에 따라 삶의 균형이 깨져서 그렇다는 진단을 내렸습니다. 그즈음부터 목공소에 나가 가구를 만들었습니다. 윤대현 교수의 말을 참고해본다면 플레이가 없으면 결국 우리는 방전된 배터리와 같은 상태를 맞게 됩니다. 플레이는 오래 일하기 위해 중간 중간 충전해주는 역할을 하는 셈이죠.

여기에서 중요한 점이 있습니다. 플레이를 일 년에 몇 차례 가는 휴가나 주말에 쉬는 것과 혼동하면 안됩니다. 플레이란 쉬는 것이 아니라 지속적으로 즐기는 놀이입니다. 주말에 쉬거나 휴가를 다녀오면 충전되는 것 같지만 사실 휴가가 끝나면 후유증이 남고 다시 방전 상태로 돌아갑니다. 수십 년간 직장 생활을 하면서 일과 휴식 사이만을 오간다면 이는 플레이가 없는 상태입니다. 충전을 못 하는 거죠. 하지만 그림 그리기나 요리, 운동이나 글쓰기 등 주말마다 내가 즐기는 놀이를 한다면 진정한 의미의 충전이 되고, 삶이 보다 풍성해집니다. 놀이가 없다면 결국 우리는 일 속에 파묻혀 몇 십 년이고 지내다가 삶의 의미를 잃어버리고 맙니다.

1장에서 50세 전후에 회사를 나오면서 직장과는 다른 직업을 만들어 나오는 경우가 있다고 했는데, 플레이라는 정거장을 갖고 있던 사람은 때로 플레이가 제 2의 직업이 되기도 합니다. 애플 컴퓨터는 퇴근 후 스티브 워즈니악이 취미 삼아 만들던 것이 발전했다고 하죠.[55] 개그맨 이경규는 전문 요리사가 아님에도 방송 프로그램에서 자신의 취미를 살려 새로운 라면을 개발한 것이 호평을 받아 제품화로 이어졌습니다. 제가 목공소에서 함께 수업을 들었던 한 분은 컴퓨터 회사의 영업담당 매니저였습니다. 자신이 해오던 일과는 전혀 달랐지만 목공에 매력을 느낀 이분은 결국 회사까지 그만두고 가족들과 함께 캐나다로 가서 목공학교를 다니고 전문 목수로 변신했습니다.

시간을 쪼개어 자신만의 놀이 활동을 하는 사람에게 "그럴 여유가 어디 있느냐?"라고 말씀하시는 분을 보면, 바빠서 시간 확보를 못하는 경우도 있지만 대부분은 일부러 틈을 내면서까지 즐기고 싶은 자기만의 놀이나 취미를 아직 찾지 못한 경우가 많습니다. 일 때문에 골프를 치고 술 마시는 분들이 많은 것이 현실입니다. 당장 먹고사는 데 필요하니까요. 40대 후반과 50대 초반 직장생활에 찌들어 우울증에 걸릴 지경이라는 사람들이 주변에서 흔히 보입니다. 솔직히 쳇바퀴 도는 생활이 수십 년 지속되는데 어떻게 우울하지 않을 수 있겠습니까. 삶에 플레이, 즉 자기만의 놀이를 갖는 것은 그래서 더욱 중요합니다. 우리 삶을 쳇바퀴에서 빠져나오도록 하는 것이 놀이이기 때문입니다. 놀이를 만드는 방법은 의외로 간단합니다. 바쁜 분들도 가끔씩 가족들과 여행을 가실 겁니다. 때론 여름휴가 때 해외여행도 갈 테고요. 지금 나이가 마흔이고, 앞으로 일흔까지 국내외 길고 짧은 여행을 매년 1회씩 간다면 가정하면 총 30번 정도가 됩니다. 유원지나 휴양지에 가서 쉬고 오는 것도 좋겠지만, 거기에 하나의 테마를 잡아보면 어떨까요? 제가 아는 분 중에는 여행을 갈 때마다 공동묘지에 들러 삶과 죽음에 대해 생각을 해보는 분도 있습니다. 저는 들러볼 만한 맛있는 식당이 있는지를 살펴 여행지를 선택합니다. 그곳에서 느낀 점에 대해 글을 하나씩 써나가는 것(facebook.com/HERreport)이 제가 아내와 함께하는 놀이 중 하나입니다. 여행뿐 아니라 평상시에도 서울 시내에서 다닌 식당 중 독특한 점이 있는 곳에 대해서도 계속 글을 쓰고 있습니다. 식당에 다니며 음식을 먹고 감상을 글로 쓰는 것은 늘 즐겁습니다. 더군다나 아내와 함께 쓰기 때문에 훌륭한 대화거리도 됩니다. 체중이 는다는 단점은 있지만요.

학교 다닐 때 좋아했던 과목이 한 가지씩은 있지 않나요? 신문이나 뉴스를 볼 때 가장 관심 있어 하는 분야가 하나는 있지 않나요? 좋아하는 책이나 영화, 음악 장르가 있지 않나요? 과자를 좋아하시나요? 악기를 좋아하시나요? 좋아하는 것이 없는 사람은 없습니다. 다만 자신이 좋아하는 것을 적극적으로 찾아내는 사람과 그렇지 않은 사람이 있을 뿐입니다. 제가 아는 한 제약회사의 임원은 누구보다 바쁜 사람이지만 미술에 대한 취미가 있습니다. 그것을 꾸준히 즐기고 살려 최근에는 작은 전시회까지 열었습니다. 그 전시회의 이름이 '꿈, 이루어지다'였습니다. 안내장에는 이렇게 써 있었습니다. "어린 시절 막연하게 꾸었던 '꼬마 화가'의 꿈을 불혹을 넘긴 지금, 펼치려고 한다. 할머니가 되어서 은퇴하면 그림을 그리겠다고 습관처럼 말해왔었는데……."[56]

세계 최고의 마케팅 전문가인 세스 고딘이 그런 말을 했지요. 모든 사람은 무엇인가 한 가지의 전문가라고. 플레이는 비생산적인 일입니다. 세상 사람들이 어떻게 생각하든 여러분이 좋아하는 것을 찾아 그 분야를 전문적으로 즐기려고 노력해보세요. 자기만의 놀이를 만들어보세요. 시간을 확보하고 나서 무엇을 하고 놀 것인지 찾을 것이 아니라, 재미나게 즐길 수 있는 놀이를 찾고 나면 시간은 어떻게 해서든 만들어낼 수 있습니다. 잊지 마십시오. 우리들 대부분은 한창 바쁜 학창 시절과 직장 생활 속에서도 연애는 어떻게든 했다는 것을.

세 번째 정거장: 스톱(Stop)

독일에 거주하며 한국 기업과 비즈니스를 하고 있는 임원을 만난 적이 있습니다. 이분이 한국의 대기업 임원과 식사한 이야기를 들려주더군요. 그 임원은 한 기업에서 무려 삼십 년 동안이나 일했는데, 더 놀라운 것은 삼십 년 동안 단 한 번도 휴가를 가지 않았다고 합니다. 그런데 그 사실보다 독일에서 온 임원이 제게 한 말이 더 인상적이었습니다. 자신은 그 대기업 임원을 결코 성공한 사람이라고 부를 수 없다고……. 그 대기업 임원의 삶에는 직장만 있었지, 휴식은 없었으니까요.

세 번째 정거장은 스톱입니다. 고에서 "일, 어디까지 가봤니?"라고 묻고, 플레이에서 "일 아닌 일, 어디까지 해봤니?"라고 묻는다면, 스톱에서는 "멍 때리며, 어디까지 생각해봤니?"라고 묻습니다. 멍 때리고 생각하는 시간이 왜 우리 삶에서 필요할까요? 이 질문에 대한 답으로 스타트업 얼라이언스의 임정욱 센터장이 쓴 '저녁이 있는 삶과 창의력'이라는 칼럼의 일부를 옮깁니다.

2009년 초 보스턴에 있는 미국 회사의 최고경영자로 부임했을 때의 일이다. 처음 한동안은 간부 직원들에게 저녁 식사를 같이 하자고 청했다. 매일 아침저녁으로 약속을 잡고 바쁘게 살던 한국에서의 버릇이 그대로 남아 있어서였다. 친밀도도 높이고 회사 이야기를 깊이 할 수 있는 기회라고 생각했다. 그런데 묘하게 사람들은 나와 같이 저녁 시간을 보내는 것을 꺼렸다[…] "집에 물어보고 가능한지 알려주겠다" 고 답하는 경우가 많았다. 오래 지나지 않아서 알게 됐다. 미국에서 아주 중요한 일이 아니고서는 회사 일로 상대방의 저녁을 청하는 것은 실례였다[…] 반대로 내게 저녁 시간을 내주길 요청하는 미국인의 경우는 "가족들에게 폐가 되지 않겠느냐" 고 꼭 물어봤다.

그런 문화를 알게 된 뒤에는 나도 가급적이면 저녁 약속을 잡지 않았다[…] 온갖 복잡한 사회관계, 각종 모임, 경조사에서 벗어나 아는 사람이 전혀 없는 보스턴으로 이사 간 나는 한국에 있을 때와는 비할 수 없이 많은 저녁과 주말을 가족과 함께할 수 있었다. 그리고 업무 시간 이외의 많은 시간을 미국 사회와 정보기술(IT) 업계를 이해하기 위한 공부에 투자할 수 있었다. 그리고 그 생각과 경험을 블로그 등에 글로 옮길 수 있었다[…] 한국에 계속 있었다면 상상하기 어려운 일이었다. 새로운 것을 배우고 '생각의 힘'을 키울 수 있었던 귀중한 시간이었다.

그런 개인적인 경험을 통해 미국인들의 왕성한 창의력은 이런 여유로운 저녁 시간, 즉 잉여 시간에서 나오는 것이 아닌가 하는 생각을 하게 됐다.

주 52시간 근무제가 도입되었지만, 일-생활 균형에 있어 여전히 한국은 OECD 중, 콜롬비아, 멕시코, 터키에 이어 최하위권에 위치해있습니다. OECD 국가의 평균 근로시간은 연간 1,776시간입니다. 한국은 2,090시간, 프랑스는 1,476시간이며, 미국은 1,787시간입니다.[57] 2012년 당시 대선후보로 나선 대한민국 민주당 손학규 의원이 '저녁이 있는 삶'이라는 슬로건을 제시했다는 것은 그만큼 우리 삶에는 저녁이 없다는 방증이기도 합니다.

하지만 잉여 시간의 확보는 우리에게 정말 중요합니다. 이제 더 이상 열심히 일하는 것보다 창의적으로 일하는 것이 중요해진 시대니까요. 창의적인 아이디어는 멍 때리며 생각하는 시간에서 나옵니다. 모건 기딩스 박사는 '일주일에 105시간 일해야 성공한다'는 '주당 105시간'이란 신화는 거짓말이라고 지적하면서, 초과 근무를 한다는 것은 창의성을 죽이고 있는 것이라고 이야기합니다.[58] 세계 최고의 레스토랑으로 이름을 날리던 스페인의 엘 불리 레스토랑. 이들은 일 년에 6개월만 영업하는 것으로 유명했습니다. 나머지 6개월 동안은 요리 연구를 위해 문을 닫지요. 세계적인 〈미슐랭 가이드〉로부터 무려 14년 동안 최고 등급인 별 3개를 받았던 이 레스토랑은 요리 연구소로 탈바꿈하기 위해 2011년부터 아예 영업을 중단했습니다. 요리에 전념하기 위한 조치였습니

다.[59]

2013년 저는 한 달간 스페인과 포르투갈을 여행하며 하프 타임을 가졌습니다. 이때 여행하면서 그들의 영업시간 푯말을 흥미롭게 관찰했습니다. 오전에 세 시간 일하고, 오후 2시경부터 세 시간 쉬고, 그리고 세 시간 더 일하고……. 이들의 삶 속에는 일과 휴식이 지나칠 정도로 균형을 이루고 있었습니다. 서울에 있는 직장에서의 점심은 때로 샌드위치나 김밥일 경우가 있습니다. '워킹 런치'라는 어울리지 않는 두 단어가 합쳐져서 쓰이기도 하지요. 우리의 삶이 중단 없는 삶이라면 그들의 삶은 중단 있는 삶의 모습 같아 보였습니다.

우리가 바쁜 사업 활동 중에도 하루나 이틀 정도 시간을 내어 회사의 회의실이 아닌 외부에 나가서 워크숍을 하는 중요한 이유가 있습니다. 바로 '중지하고-돌아보기' 위해서입니다. 바쁜 업무 중에는 큰 그림을 보기 힘들고 하루하루 닥친 일을 쳐내기에도 숨이 가쁩니다. 하지만 우리는 정기적으로 사업이 현재 어떤 상황에 있고, 앞으로 어떤 방향으로 나아가야 하며, 거기까지 어떻게 가야 할지에 대해서도 생각해볼 필요가 있습니다. 분기별 혹은 반기별, 매년 연말이나 연초에 워크숍을 하는 이유는 바로 큰 그림을 제대로 보고 확인해보기 위함입니다. 사업을 제대로 진행시키기 위해 중지하고 돌아보는 시간이 필요하듯, 우리의 삶도 역시 마찬가지입니다. 바쁜 생활 속에서도 매일, 매주, 매달, 매분기, 매년 우리는 멍 때리면서 내가 서 있는 곳이 어디인지 돌아볼 필요가 있습니다. 빌 게이츠가 바쁜 일상에서 탈출하여 은둔하며 '생각 주간'을 갖는 것은 바로 중지하고 돌아보기 위함입니다.

스톱에서 가장 핵심은 큰 그림을 생각하는 것입니다. 카메라로 치면 줌 아웃하는 시간이지요. 몰입해서 일하고, 놀이도 즐기지만, 내가 어디로 가고 있는지, 내가 어디로 왔는지, 물러서서 생각해보는 시간입니다. 그런데 왜 스톱이냐고요? 생각을 하기 위해서는 일상에서 잠시 떨어지는 과정이 필요하기 때문입니다. 이때는 가족이나 친구로부터도 떨어져서 혼자 생각해보는 것이 좋습니다. 이때는 남과 대화하고 조언을 얻는 것도 피하고 오로지 혼자서 공간과 시간을 확보하여 삶에 대해 생각해봐야 합니다. 제가 아는 한 전직 광고회사 임원은 대기업 계열사에 다니면서도 항상 일 년에 열 달만 일하는 방식으로 계약을 맺습니다. 그만큼 수입은 줄어듭니만 두 달은 여행을 다니며 생각할 시간을 갖습니다. 물론 흔치 않은 경우이지만, 이렇듯 자신이 스톱하는 시간을 확보하기 위해 수입까지 희생하는 사람도 있습니다. 그런데도 여전히 시간 확보가 어렵다고 하시는 분들은 스톱의 중요성을 모르는 것이죠.

또 다른 예를 들어보지요. 저와 함께 구본형 소장의 캠프에 함께 참여했던 진동철 부장은 삼십 년 가까이 일기를 쓰고 있습니다. 어떻게 하느냐고 물었더니 아침에 십 분 정도 시간을 내어 카페에 들러서, 혹은 약속 장소에서 기다리면서 짧게라도 쓴다는 것입니다. 짧은 시간이지만 그는 일기장을 펼치는 것을 바쁜 일상으로부터 벗어나 스톱하고 큰 그림을 살필 수 있는 훌륭한 의식으로 삼고 있었습니다. 그는 하루에 일기를 두 번 쓰기도 하고 몇 달 동안 쓰지 않기도 합니다. 일기를 매일 써야 하는 것, 혹은 특정 장소에서만 써야 하는 것으로 한정하지 않고, 다만 항상 일기장을 가방에 넣고 다니면서 훌륭하게 자신만의 스톱을 만끽하고 있습니다. 저도 영향을 받아 2011년부터 생각날 때마다 일기를 쓰고 있는데요. 일기는 인간이 발명한 가장 훌륭한 스톱 활동 중의 하나가 아닐까 싶습니다.

이 밖에도 혼자서 산책하는 시간을 가지는 것도 훌륭한 스톱입니다. 제 경우에는 아침 혹은 점심시간을 주로 활용합니다. 사무실 근처인 북촌을 걷거나, 집 근처 국립중앙박물관을 걷습니다. 입장료가 무료라 박물관에 들어가기도 하지만, 박물관 정원에서 더 많은 시간을 보냅니다. 편한 음악을 들으며 생각해보는 것도 좋습니다.

스톱은 보통 느린 활동, 크게 신경을 쓰지 않아도 되는 활동과 관련이 있습니다. 줌 아웃하려면 무엇인가에 집중하지 않은 상태가 되어야 하거든요. 제게 요리나 목공과 같은 취미가 있지만, 취미는 집중해야 하기 때문에 스톱이 아니라 플레이입니다.

이 글을 읽으시면서 나도 스톱 활동은 하는데? 이렇게 생각하시는 분들이 많을 것입니다. 많은 이들이 버스나 지하철 안에서, 걸어가면서, 혹은 혼자서 차를 마시면서 삶에 대해 생각해보는 시간을 가지긴 하니까요. 하지만 대부분 이렇게 생각만 하다가 다시 일상으로 돌아옵니다. 스톱을 하는 이유는 내 삶의 큰 그림을 보면서 필요할 때 방향 수정을 하기 위해서입니다. 그렇다면 생각하는 것에서 그치지 않고, 그 생각들을 서로 연결하고, 또 그 연결을 확장하여 더 새롭고 구체적인 생각을 해나갈 수 있어야 합니다. 그러니 가끔씩 혼자 있는 시간에 생각만 하다가 그치는 것은 연결성이나 확장성을 만들어내는 데 대단히 제한적이지요. 우리는 삼 년, 아니 일 년이나 몇 개월 전에 했던 생각조차 기억하지 못합니다. 그런 생각을 했던 사실마저도 잊어버리곤 하지요. 따라서 진정한 스톱 활동이 되려면 일기든 메모든 글로 옮기는 작업이 필수적입니다. 그 글들이 한 곳에 모여야 하고요. 그림으로 표현해도 좋습니다. 공책에 써도 좋고 휴대폰 메모장도 좋고요. 그래야 자신이 스톱하며 생각했던 단편들을 자주 들춰볼 수 있고, 그런 생각들이 연결되면서 구체성을 띠게 됩니다. 그렇게 되면 실제 행동으로 옮길 가능성도 더 높아지고요.

혹시 저녁 약속이 없으면 불안하거나 이상하신가요? 다이어리나 캘린더에 남과의 약속만 잡지 말고, 미리 나와의 약속을 잡아놓으면 어떨까요? 그 약속의 이름은 바로 스톱입니다. 모든 것을 내려놓고 생각하는 시간 말이지요. 빌 게이츠처럼 '생각 주간'은 못 가지더라도 '생각하는 하룻밤'은 가끔 가질 수 있지 않을까요? 여러분이 중요한 프로젝트를 앞두고 있다거나, 새로운 사업을 시작할 계획이 있다면, 그럴수록 스톱이라는 정거장을 자주 활용하실 필요가 있습니다. 새로운 아이디어는 스톱이라는 정거장에서 기다리고 있기 때문이지요.

쳇바퀴에서 벗어나 내 삶을 확장시키는 길

서바이벌 키트에 왜 GPS가 필요할까요? 서바이벌이란 단순히 현 상태를 유지하는 것을 의미하지 않습니다. 내 직업을 더 발전시키고, 삶 속에 자신만의 놀이를 찾고, 더 확장된 삶을 살기 위한 것입니다. 요즘 일과 삶의 균형이라는 말을 많이 사용합니다. 현실적으로 이 말은 직장과 가정 혹은 개인 생활에서의 시간 확보라는 뜻으로 많이들 이해합니다. 출퇴근 시간을 탄력적으로 운영하는 것이 대표적인 사례이지요. 하지만 진정한 균형이란 직장과 가정이 아닌 자신의 직업과 놀이, 그리고 멈춤 사이에 존재합니다. 직업에서 자신의 분야를 찾아내어 전문성을 쌓고(고), 그런 일을 오래 하기 위해 놀이로 충전하며(플레이), 삶의 여정을 계속하기 위해서는 때때로 지도를 펼쳐보는 시간(스톱)이 필요합니다. 회사와 집만 왔다 갔다 하며 저녁이 없는 삶을 보내다가 주말에는 밀린 잠 보충하며 쉬고, 1년에 한두 차례 휴가를 떠나고……. 이런 패턴을 반복하고 있나요? 그렇다면 나는 과연 어디까지 일해봤고, 놀아봤는지 그리고 멍 때리고, 큰 그림을 그려봤는지 돌아보시기 바랍니다. 고-플레이-스톱 사이의 균형을 찾는 것이 바로 삶의 GPS가 될 테니까요. 우리의 삶은 일하고 쉬고의 반복이 아니라 '일하고, 놀고, 쉬고!'입니다. Go! Play! Stop!

나만의 서바이벌 키트 만들기 6

언젠가 한 지인으로부터 들은 이야기입니다. 암에 걸린 친구에게 버킷리스트(bucket list, 죽기전에 해야 할 일들의 리스트)를 만들어보면 어떻겠느냐고 권했다가 다음과 같은 반응을 얻었다고 합니다. "나도 그런 리스트를 만들어본 적이 있지. 암에 걸린 것을 알고 난 후였어. 하지만 내가 곧 죽을 것을 알면서 만든 버킷리스트란 별 의미가 없다는 것을 깨달았어. 버킷리스트란 아직은 삶에 대한 희망이 있을 때에나 의미가 있는 것이지……." 많은 것을 생각하게 하는 이야기였습니다.

여러분의 버킷리스트는 무엇입니까? 오십 가지만 적어보세요. 오십 가지가 많다고요? 그건 아마도 세계일주, 유럽일주 등 너무 큰 리스트만 생각해서 그런 것은 아닐까요? 작은 아이디어로 쪼개어 생각해보세요. 전국일주보다는 '통영에 가서 충무김밥을 제일 잘하는 집에서 먹어보기'가 더 바람직한 버킷리스트입니다. 메이슨 커리가 쓴 《리추얼》에 김정운 소장이 쓴 추천사에 보면 이런 대목이 나옵니다. "삶의 의미는 올림픽 메달 수여식과 같은 대단한 세리모니를 통해 얻어지는 것이 아니다. 그런 세리모니는 평생

한 두 번이면 족하다. 팝스타, 영화배우들이 알코올중독, 마약 등으로 망가지는 이유는 그런 특별한 행사를 통해서만 삶의 의미를 만들고, 일상을 살아가는 법을 배우지 못했기 때문이다. 일상의 사소한 반복을 가치 있게 여길 줄 알아야 한다." 삶을 살아가는 데 곱씹어볼 만한 말입니다.

또 한 가지, 버킷리스트는 돈을 주고 살 수 있는 물건이 아니라 체험과 관련되어야 합니다. 새 운동화 사기보다는 새 운동화를 신고 하고 싶은 것을 생각해보시기 바랍니다. 10킬로 마라톤 완주가 될 수 있겠지요. 이때 참가 기념으로 받은 티셔츠는 잘 버리지 못합니다. 내 체험의 증거품이니까요. 가구를 사기보다는 시간과 돈이 더 들더라도 가구를 만들어보는 체험이 버킷리스트에 어울립니다. 핸드폰을 새로 사기보다는 그 핸드폰으로 어떤 주제의 사진을 찍겠다, 이게 더 멋지지 않을까요? 저는 여행이나 출장길에 각 나라의 표지판만 찍어서 모아둡니다. 나라마다 표현 방식이 다른 것이 흥미롭더군요. 아이디어가 더 필요하다면 bucketlist.org와 같은 사이트에 들어가서 세상 사람들은 어떤 버킷리스트를 갖고 있는지 살펴보시는 것도 도움이 됩니다.

이처럼 버킷리스트를 만들고 나면 그 중에 고("직업적 일 어디까지 가봤니?"), 플레이("일이 아닌 일에 어디까지 가봤니?", 스톱("멍 때리며, 어디까지 생각해봤니?")과 관련되는 것이 무엇일지 구분해보시기 바랍니다. 여행은 플레이가 될 수도 있고, 스톱이 될 수도 있지요. 자신이 어느 쪽에 의미를 부여하는지에 따라 달라집니다. 여행 일정을 바쁘게 짜서 돌아다닌다면 플레이 쪽에 가깝고, 한 곳에 비교적 여유롭게 머물며 생각하는 시간을 많이 가진다면 스톱에 해당하겠네요. 각 버킷리스트 항목에 GPS를 달다 보면, 무엇을 더 먼저 해야 할지, 비율을 어떻게 조율해야 할지 자연스럽게 생각하게 됩니다. 매우 즐거운 작업이니 꼭 한 번 해보시길!

나는 학생들에게 시간을 내서
인생 목적을 이해해야 한다고 말한다.
그리고 훗날 그 목적이야말로 지금까지의 발견 중에서
가장 중요한 것이었음을 깨닫게 될 것이라고
장담한다.

- 클레이 크리스텐슨[60]

실제로 어떤 일을 당해버린 사람에게는
절박함이 없다. 이미 벌어진 일은
받아들일 수밖에 없기 때문이다.
일을 겪은 사람에게는 후회가 있을 뿐이다.

암에 걸린 다음의 건강, 다 지나 간 인생의 뒷전에서
깨달은 진정하고 싶었던 일 하나,
등을 돌리고 돌아올 수 없는 강을 건너간 애인은
후회일 뿐 절박함이 아니다.
절박함은 약속 시간에 맞추어
그 곳에 도착하기 위해 급히 잡아 탄
택시 안에서 생겨나고, 급한 발걸음 속에 존재한다.
아직 약속한 그 곳에서 애인이 앉아
기다리고 있을 때 생겨나는 것이다.
절박함은 아직 희망이 있을 때 찾아온다.
역설적이게도 그것은 바로 희망을 이루게 하는
강력한 에너지이다. 모든 관심과 능력을
집중하게 한다. 그것에 모든 것을 걸게 한다.

-구본형

제 삶에서 가장 중요한 레시피는 균형입니다. 이 단어는 제 나이 서른여섯, 사장이 되었을 때 제 삶에 훅, 하고 들어왔습니다. "직장에서 일이 잘 풀리는데 행복하지 않은 건 균형이 없어서 그러네. 주말에 일 안 하고 논다고 균형 있는 삶은 아니지. 자네만의 놀이가 필요하다고!" 나이 지긋한 호주인 코치가 일갈한 뒤로 균형이라는 말은 늘 제 마음 한구석에서 저를 지켜보고 있었습니다. 저도 그때부터 삶의 균형이라는 키워드를 여러 각도에서 쳐다보게 되었죠.

❶ 간장 국수와 우유 데우기

가끔씩 저녁이면 간장 국수를 해먹곤 합니다. 조리법은 정말 간단합니다. 국수를 삶고 간장과 참기름을 약간 넣은 뒤 몇 가지 고명을 얹어서 먹으면 끝입니다. 재료 준비에서 요리까지 대략 30~40분 걸리고, 먹는 데는 15분, 설거지하는 데 15분 정도, 총 한 시간 정도죠. 생산적이냐고 묻는다면 아니오, 라고 대답할 수밖에 없습니다. 시간도 시간이거니와 요리하고 설거지하느라 피곤하기도 하거든요. 그렇지만 아내와 마주앉아 국수를 해먹을 때면 소소한 일상이지만 정말 행복합니다. 언젠가 평소 알고 지내는 〈청년의사〉 박재영 주간으로부터 '행복은 비생산적인 활동에서 나온다'라는 말을 들었는데요. 그 말이 정말 잊히지 않더군요. 오히려 나이가 먹을수록 이 말이 진실이라는 생각이 더욱 강해집니다.

"저녁이 있는 삶은 무슨, '개뿔' 같은 소리하고 있네!" 하고 흔히 불평합니다. 밀려오는 업무 때문에 어쩔 수 없이 야근을 하고 상사가 회식이라도 하자고 하면 빠질 수도 없습니다. 한편으로는 이런 환경에 너무 익숙해지다 보니 가끔 저녁에 시간이 나더라도 바로 집에 들어가기가 어색하기도 합니다. 왠지 밖에서 누구라도 만나고 뭐라도 해야 하루가 마감될 것 같은 느낌이 든다고나 할까요. 저도 그렇게 살아왔습니다. 특히 30대에는 더더욱.

하지만 일주일에 하루든 한 달에 한 번이든, 스스로 '저녁이 있는 하루'는 충분히 만들 수 있습니다. 비생산적인 일을 하며 행복을 느끼는 그런 저녁. 간장 국수를 해먹고, 밀크 팬에 우유를 데워 커피와 섞어 마시는 일은 제가 즐겨 하는 비생산적인 일입니다. 삶에서 균형을 찾는다는 건 이렇게 비생산적이지만 작은 기쁨을 주는 일을 하는 것을 의미합니다.

제가 삶의 마지막 순간에 이른다면……. 평일 저녁에 온갖 요리 도구를 꺼내놓고, 티볼리 라디오를 틀어놓고, "당근이랑 오이는 똑같은 크기로 썰어야지!" 하는 아내의 잔소리를 들으며 만든 간장 국수(조만간 메뉴는 또 바뀌겠지요)를 먹고 차가운 화이트와인 한 잔을 곁들이던 때를 떠올릴 것 같습니다. 간장 국수를 먹고 나면 밀크 팬에 우유를 데우고, 아내가 보석보다 더 애지중지하는 예쁜 커피 잔에 우유와 커피를 섞어 마시며 진한 초콜릿 케이크를 한 입 베어 물고, 패트리샤 슐츠의 《죽기전에 가봐야 할 1000곳》을 펴놓고 내년에 갈 여행지에 대해 이야기하는 저녁 시간을 한 번 더 갖고 싶습니다.

❷ 균형의 바탕은 불균형

서른 살, 늦게 시작한 직장 생활. 일이 좋아 쉼 없이 십 년을 달렸고, 인턴으로 일하던 회사에서 사장까지 했으니 나름 성공도 했지만 삶은 행복하지 않았습니다. 마흔 살에 하프 타임을 갖고 새롭게 시작한 사업. 일중독자로 30대를 보낸 것은 후회스럽지만, 직장 경력만이 아닌 나의 직업을 만드는 과정을 가진 건 다행이었습니다. 직업을 만들지 못했다면 40대 이후의 삶에서 균형을 잡기는 어려웠을 테니까요.

제가 하프 타임을 가졌고 어떻게 독립했는지 아는 분들 중에서는 "그건 당신이 '팔 수 있는 것'을 갖고 있었기 때문 아닌가? 그러니 반년이나 쉬고, 독립해서 사업도 할 수 있지! 아무나 할 수 있는 일은 아니지 않은가?"라는 말씀을 하시기도 합니다.

맞습니다. 누구나 하프 타임을 갖고 사업을 할 수 있는 것은 아니겠지요. 하지만 청춘을 바쳐 수십 년 동안 직장 생활을 하면서 '팔 수 있는' 자기만의 직업을 만들지 못하는 상황에 대해서도 의문을 가질 필요가 있습니다. 제가 책까지 써가며 35~45세가 중요하다고 이야기하는 것도 자신만의 직업을 만드는 데 정말 핵심적인 기간이기 때문입니다.

일과 삶의 균형은 자기만의 직업을 갖는 것이 기본입니다. 그러기 위해서는 2~30대는 자기가 좋아하는 일에 미쳐서 지내보는 경험이 절대적으로 필요합니다. 이런 측면에서 보면 2~30대에 일과 삶의 균형을 중요시하는 직장에서 9시에 출근하고 6시에 퇴근하는 생활을 하는 것은 반드시 행운만은 아닙니다. 근무 시간 이외의 시간에 좋아하는 일을 찾아 자기만의 직업을 만들어야 그 이후의 삶이 균형을 이룰 수 있으니까요. 반대로 2~30대에 매일 야근을 하는데, 그 일이 좋지도 않고 자신의 직업을 만드는 데도 도움이 되지 않는다면, 그런 직장은 나와야겠지요. 결국 야근을 하고 주말에 일하느냐보다는 내가 지금 이 직장에 다니면서 내 직업을 만들고 있느냐, 라는 질문을 던져봐야 합니다. 제가 만약 30대에 직업을 만들지 못했다면, 단순히 직장 경력을 늘리는 데만 집중했다면, 40대에 삶의 균형은 찾지 못했을 것입니다.

아이러니하게도 삶의 균형은 불균형을 발판으로 삼습니다. 2~30대, 자신의 직업을 만드는 과정에 있는 사람은 일과 삶의 균형을 찾기가 쉽지 않습니다. 그러나 그들은 균형이 없다고 불평하지 않습니다. 좋아하는 일을 하느라 정신이 팔려 있어 불평할 새도 없다는 표현이 더 정확하겠네요. 늦게까지 일하는 건 아무런 문제도 되지 않습니다. 이렇게 자신의 직업을 찾고 확고히 다져놓으면 회사를 벗어나서도 당당하게 균형을 추구하는 삶을 살아갈 수 있겠죠.

따라서 35세 이전에는 내게 재미와 돈을 줄 수 있는 직업이 무엇인가 고민해야 하고, 35~45세에는 그것을 자신의 직업으로 만들기 위한 경험과 경력을 만드는 데 몰두해야 합니다. 일과 삶의 균형을 직장에서 일하는 시간과 집에서 보내는 시간, 이렇게 좁게 정의하지 마십시오. 다시 말씀드리지만 일과 삶의 균형이란 자신만의 일, 즉 직업이 있을 때 가능한 것입니다.

십여 년 전 제 코치는 삶의 네 가지 중요한 축을 말해주었습니다. 일, 놀이, 정신적이고 문화적인 활동, 그리고 가족이나 친구와 보내는 시간. 균형이란 결국은 비율입니다. 네 가지 영역에 25퍼센트씩 할당하는 것이 균형이 아니라, 가끔씩 내가 살아가는 모습을 한 발 뒤로 물러나 내 삶에 네 가지 축이 어떤 비율로 나타나는지 살펴보고, 이를 큰 틀에서 조정해 나가는 작업이 균형 있는 삶을 살아가는 방법입니다.

❸ 동네 주민들과 경비 아저씨의 시선

40대에 접어들어 독립하고 나니 한 가지 불편한 점이 생기더군요. 세계에서 가장 큰 PR 회사의 한국 법인 대표와 1인 기업의 대표, 커다란 차이가 있었습니다. 큰 회사의 로고가 붙은 명함과 아무도 모르는 제 회사의 명함, 말만 들어도 상상이 되시죠? 초반에는 더욱 그랬습니다. 그 차이를 뼈저리게 느꼈지요. 큰 회사를 떠나 제 회사를 설립할 때 가장 두려웠던 부분도 바로 이겁니다. '나 혼자 제대로 설 수 있을까? 그동안 대형 글로벌 회사의 사장이었으니 고객들이 나를 찾았겠지만, 혼자 나가서 사업을 해도 고객들이 여전히 나를 불러줄까?'

사업을 시작한 후 한 식당에서 우연히 예전 고객과 만나서 반갑게 인사를 나누었습니다. 회사를 떠나 새로 사업을 시작했다고 하면서 명함을 건넸지요. 그분이 "직원은 몇 명인가요?"라고 묻기에 "혼자 합니다"라고 대답했습니다. 살짝 거북한 미소와 함께 "아, 그렇군요……. 프리랜서시군요……"라며 그가 말끝을 흐릴 때, 제가 느낀 씁쓸함은 이루 말할 수 없습니다. 도둑이 제발 저렸는지도 모르죠. 홀로서기 후 현실의 냉정함은 여러 가지 경로로 충분히 맛보았습니다.

독립하고 나서는 출퇴근 시간이 자유로워졌습니다. 집에서 일을 할 때도 많았고요. 지금도 월요일 아침에 공원에 나가 걷기도 하고, 평일 오전에도 특별한 일정이 없으면 박물관, 미술관을 찾거나 마트에 가서 장을 보기도 합니다. 독립한 지 얼마 지나지 않아, 남들이 일하는 평일 낮에 장을 보고 집으로 돌아오는데 경비 아저씨의 시선이 느껴졌습니다. 엘리베이터에서 만나는 동네 아주머니들의 눈길도 곱지만은 않았습니다. "아직 퇴직할 나이는 아닐 텐데……"라고 생각하는 것은 아닐까, 싶기도 했습니다. 그때는 왜 그렇게 그 시선이 불편했는지요. 독립하고 이 년쯤 지나서야 비로소 진정으로 자유로워졌다고 느꼈습니다. 평일 낮에 마트에 가서 카트를 끌고 다니며 장을 보는데도 주변의 시선이 신경 쓰이지 않더군요. 저를 얽매던 외부의 시선과 거기에 전전긍긍했던 못난 제 자신으로부터 모두 탈출한 순간이었습니다.

삶에서 균형은 포기를 했을 때 찾아옵니다. 역시 아이러니하지요? 제가 글로벌 컨설팅사의 대표라는 타이틀을 포기하지 못했다면 저는 지금까지도 사업을 시작하지 못했을 테고 제 삶에서 이렇게 의미 있는 책을 쓰지도 못했을 겁니다. 삶의 균형이란 모자란 쪽을 채우는 것보다는 넘치는 쪽을 덜어내는 것에 가깝습니다. 덜어내야 또 채울 수 있는 공간이 생기기도 하고요.

❹ 삶에 정답은 없지만 오답은 있다?

"면접 보는 당신, 정답은 없지만 오답은 있다"[61]란 신문 기사의 헤드라인을 읽으면서 그런 생각을 했습니다. 우리 삶에도 정답은 없지만 오답은 있을 것이라고. 앞서 설명한 여섯 가지 서바이벌 키트는 삶의 정답을 알려주기보다 우리 각자가 원하는 삶을 살도록, 적어도 오답은 피하게 만드는 도구들입니다. 삶의 오답이란, 직장생활 수십 년 동안 야근은 물론 휴가까지 반납해가며 열심히 일했는데도 타의로 직장을 나가게 되거나 자기 직업으로 설 수 없고, 살 수 없는 상황입니다. 삶의 오답이란 평생 남들의 성공 사례만 쳐다보며 관객의 자리에서 '할 수 있다'고만 생각하고 정작 '했다'라고 말할 수 없는 상황입니다. 삶의 오답이란 열심히 네트워킹하며 수십 년 동안 직장 생활을 했는데, 정작 현직을 떠나니 아무도 나를 찾아주지 않고 아는 사람들은 많지만 정작 의지할 수 있는 친구는 없는 상황입니다.

저 역시 사장이 되어 성공했어도 행복하지 않았던 삶의 오답을 경험했습니다. 어쩌면 제 인생 최대의 축복 중 하나는 삶의 오답을 조금이라도 빨리 경험하고, 그것을 알아차릴 수 있도록 옆에서 조언해주는 사람들이 있었다는 점일 겁니다. 그 과정을 통해 서바이벌 키트를 하나씩 챙길 수 있었습니다. 여섯 가지 서바이벌 키트를 사용하는 가장 중요한 방법은 바로 균형입니다. 여섯 개의 서바이벌 키트가 두세 개씩 짝지어 있는 것도 균형이 중요하기 때문입니다.

직장에 다니던 30대 시절을 돌아보면 모든 일이 참 잘 풀렸습니다. 그때 저는 부모에게 가끔씩 이런 말을 했습니다. "회사의 모든 일이 너무 잘 풀려서 오히려 걱정이에요." 소심한 성격 탓이기도 했지만, 일이 항상, 계속 잘 풀릴 수는 없는 것이 삶의 이치라고 생각하고 있었거든요. 마치 급행열차에 타고 있는 것 같은 느낌이 들어서 그때 감속을 결심했습니다. 퇴사를 하고 하프 타임을 가졌죠. 그러고는 글로벌 기업의 월급 사장에서 독립하는 쪽으로 갈아타기를 시도했습니다.

드넓은 초원을 종횡무진하는 최고의 사냥꾼 치타. 치타가 백 킬로미터에 육박하는 엄청난 속도로 달린다는 사실은 잘 알려져 있습니다. 그런데 사냥에는 빠른 속도 말고도 다른 중요한 요소들이 있다고 하네요. 2013년 〈네이처〉에 실린 연구를 보면, 치타에 각종 첨단 장비를 매달아 조사를 했더니 치타의 사냥 성공률에는 속도 이외에도 재빠른 감속 및 방향 전환도 중요하다는 사실이 밝혀졌다고 합니다.[62]

삶의 균형을 찾기 위해 우리도 더 열심히, 더 빠르게, 더 높이 올라가려고만 하지 말고, 치타처럼 때로는 과감하게 속도를 늦추고, 방향 전환을 시도해야 합니다. 감속과 갈아타기, 쉬운 일은 아니겠지만 해야 하고 할 수 있는 일입니다.

❺ 만약 내 나이가 오십이라면?

이 책에는 "35-45세 직장인이 놓치면 후회할 서바이벌 키트 6"이란 부제가 달려 있습니다. 그리고 그 이유를 1장에서 자세하게 설명했지요. 그렇다면 이 서바이벌 키트는 50세에는 소용없는 것일까요?

직장인이 50대 초반이 되면 모두 조급해집니다. 실질적으로 직장 생활도 얼마 남지 않았고 그렇다고 독립해서 살아갈 수 있는 직업은 만들지 못했기 때문입니다. 그래서 여섯 가지 서바이벌 키트 중 이분들에게는 첫 번째 서바이벌 키트가 가장 현실적인 문제로 다가옵니다. 별다른 취미도 없다는 경우가 많습니다. 많은 분들의 전략은 '밀려나올 때까지' 버티기입니다. 그러나 그 시점이 오 년이 채 남지 않았음을 알고 있습니다. 마음은 조급하지만 이분들은 더더욱 현 상황에서 무엇인가 다른 것을 시도하려고 하지 않습니다. 현상 유지를 하는 것 외에는 별 다른 방법이 없을 것이라 여기니까요. 결국 때가 되면 대책 없이 직장에서 밀려납니다. 그렇다면, 무엇인가 다른 방법을 찾아야 하지 않을까요? 운 좋게 새로운 자리를 얻어 퇴직을 연장한 친구들을 모델로 삼기보다는 지금이라도 자기만의 일을 찾기 위해 다른 시도를 해봐야 하지 않을까요?

종종 선배들과 서바이벌에 대한 이야기를 나눕니다. 그분들보다 먼저 독립했다는 이유로 제 경험에 대한 이야기를 청하시기도 합니다. 제 선배들과 같은 연배인, 35~45세 이후에 이 책을 접하신 분들께 저는 세 가지를 권합니다. 첫째, 혼자만의 시간을 확보하십시오. 출근 전 아침이든 퇴근 후 저녁이든 주말이든, 혼자만의 시간을 확보하는 것은 변화를 위한 가장 기본적인 조건입니다. 차분하게 생각을 정리할 시간이 있어야 변화를 추구할 수 있으니까요. 둘째는 부고 기사를 한 번 써보십시오. 분량은 한 장 정도면 됩니다. 죽음에 직면한 자신을 상상하는 것뿐 아니라 그것을 직접 글로 적어보는 의식은 현재 삶에 대해 새로운 시각을 줍니다. 마지막으로는 자서전 쓰기를 추천합니다. 열 장 정도로 부고 기사보다는 풍부한 내용을 담아보세요. 삶을 돌아보다 보면 늦게나마 새로운 직업이 될 수 있는 소재를 발견할 수도 있고, 설사 그렇지 못한다 하더라도 내 삶을 정리해보는 흔치않은 경험을 하게 됩니다.

이 세 가지는 모두 익숙함으로부터 나 자신을 분리하는 방법들입니다. 지금까지 살던 방식을 유지하면서 행운이나 변화를 바라는 건 어불성설입니다.

❻ 내게 남은 시간은 얼마인가?

5장에서 십 년 뒤로 돌아가 나의 모습을 상상해보고 지난 십 년 동안 가장 아름다웠던 장면을 생각해보는 퓨처 메모리 북에 대해서 이야기했습니다. 마찬가지로 십 년 뒤에 과거를 돌아보았을 때 무엇을 가장 후회할지 한두 가지만이라도 생각해볼 필요가 있습니다. 2014년 삼성생명이 흥미로운 캠페인 영상을 공개했습니다. '당신에게 남은 시간은 그리 많지 않습니다'라는 동영상이었습니다.[63] 이 동영상을 보면, 건강검진을 한 뒤 결과를 보러 온 사람들에게 의사가 "7개월 밖에 남지 않았습니다", "1년 8개월이 남았습니다"라고 말하자 놀라는 모습이 담깁니다. 실은 건강검진을 하면서 이들이 하루 평균 몇 시간을 자는지, 몇 시쯤 집을 나서고 퇴근하는지, 스마트폰과 TV는 얼마나 보는지, 일주일에 회식이나 술자리 등 모임이나 취미생활로 얼마나 시간을 보내는지 물은 뒤, 평균 생존 기간을 기준으로 앞으로 가족과 함께할 시간이 얼마나 되는지를 계산해서 보여준 것입니다. 가족과 함께할 시간이 일하는 시간은 물론이고, TV나 스마트폰을 보는 시간보다도 적은 것을 알게 된 사람들은 나이가 들어 돌아볼 때 후회할 일이 무엇인지에 대해서 다시 생각해보게 됩니다.

❼ 우다-쿠다-슈다

제가 가장 중요하게 여기는 서바이벌 키트는 경험입니다. 직업도 네트워크도 삶의 정거장도 모두 중요하지만, 정작 우리가 시도를 하지 않는다면, 즉 매일 조금씩 "아이 디드(I Did)"라고 말할 수 없다면 아무런 의미가 없기 때문입니다. 삶에서 가장 중요한 서바이벌 키트는 '했다(I Did)'라는 말로 표현할 수 있습니다.

서바이벌 키트의 핵심을 꿰뚫는 짧은 이야기가 있습니다. 미국의 시인이자 만화가이며, 시나리오 작가이자 동화작가인 쉘 실버스타인(1930-1999)이 쓴 동화입니다. 사실 이 동화는 번역보다는 원문이 더 감칠맛이 납니다. 그래서 이 동화를 번역하는 것보다는 제가 풀어서 설명을 해드리고 원문을 그대로 인용할까 합니다.

이 짧은 작품에는 맨날 미련만 갖고 행동에 옮기지 못하는 세 명의 인물이 처음에 등장합니다. 바로 우다(Woulda), 쿠다(Coulda), 슈다(Shoulda) 입니다. 이들의 이름은 각각 "하려고 했는데"(Woulda), "할 수도 있었는데"(Coulda), "했어야 했는데"(Shoulda)라는 뜻을 갖고 있습니다. 이 셋이서 따뜻한 햇볕을 쬐며 한가롭게 신세한탄을 하고 있습니다. "내가 하려고 했는데 말야……", "내가 할 수도 있었는데 말야……", "내가 했어야 했는데 말야……"라고 한탄하면서 말이지요. 이 때 한 꼬마가 갑자기 나타납니다. 이 꼬마의 이름은 디드(Did), 즉 "했다"입니다. 이 꼬마가 등장하자 한가롭게 신세한탄만 하던 세 명, 우다, 쿠다, 슈다는 모두 도망갔답니다.

"All the Woulda-Coulda-Shouldas
Layin' in the sun,
Talkin' bout the things
They Woulda-Coulda-Shoulda done...
But those Woulda-Coulda-Shouldas
All ran away and hid
From one little did"

우리가 삶의 어떤 여정을 택하든, 배드 뉴스는 벌어지게 되어 있습니다. 하고 싶은 것이 있다면 저질러보는 것이 내 삶을 찾아가는 진정한 방법 아닐까요? 저지를 때에는 무작정 저지르기보다는 적어도 십 년 뒤 내가 바라는 모습을 상상해보고, 그로부터 지난 십 년을 되돌아보면서 가장 아름다운 장면을 생각해보고, 지금부터 그 장면들을 만들도록 저지르면 됩니다. 나중에가 아니라 바로 지금부터!

"굿 뉴스가 생기면 종이에 당신을 도와준 사람이 누구이며 어떤 도움을 주었는지 한 번 써보십시오."

-《쿨하게 생존하라》 중에서.

《쿨하게 생존하라》를 쓰면서, 제가 지금까지 서바이벌 하는 과정에서 참으로 많은 분들의 도움을 받았다는 점을 새삼 다시 깨달았습니다. 책 집필 중에 얻게 된 가장 중요한 교훈이지요. 이 책은 제가 살아가면서 만난 여러분과의 인연이나 대화, 함께한 경험에서 배운 점들을 바탕으로 합니다. 사례를 소개해주신 분, 고민하면서 제게 질문을 던져주신 분, 서바이벌에 대한 의견을 나누어준 분, 제가 서바이벌 키트에 대한 생각을 많은 이들과 나눌 수 있도록 도와주신 분들이 계십니다. 또한 사는 모습 자체만으로도 제가 서바이벌 키트를 만드는 데 좋은 참고가 된 분들도 계시지요. 많은 분들이 본의 아니게 이 책에 '우정 출연'을 해주셨습니다. 이 자리를 빌어 모든 분들께 감사의 인사를 전합니다.

강의모(SBS 작가), 고경태(〈한겨레〉 편집국 토요판 에디터), Bobette Gorden(Influence At Work, Vice President), 권혁희(헤드헌터), 김은영(엘카 인사부 상무), 김한민(디자이너, 전 〈1/n〉 편집장), 김희경(세이브더칠드런 부장), Gregory Neidert(Influence At Work, Director of Training), 도영임(카이스트 문화기술대학원 교수), 고(故) 류상욱(영화평론가), 민윤식(현대카드 홍보팀장), 민철희(네모 ICG 부설 품질리더십연구소장), 박재영(〈청년의사〉 주간), 서지연(〈코리아 헤럴드〉 기자), 선대인(선대인경제연구소장), 손용석(인컴피알재단 이사장), 송명림(前 파맥스 오길비 헬스월드 대표), Abigail Shin(서울대 교수), Rod Anderson(Former Managing Director at Rod Anderson & Associates), 여운승(이화여대 교수), 오규천(한국 MSD 부장), HOB 친구들, 유우상(헤펠레-목동 대표), 윤선현(베리굿정리컨설팅 대표), 윤은노(르 꼬르동 블루-숙명 아카데미 요리 디플로마 과정), 이강우(브랜드 리퍼블릭 대표), 이규현(SME Solution 대표), 이세진(IMS Health 이사), 이승우(Gilead Sciences 대표), 이영숙(Aligned & Associates 대표), 이영준(Elsevier 대표), 이용일(카이스트 대학원 박사과정), 이용호(Getrag, Executive Vice President), 이위재(〈조선일보〉 산업부 차장), 이재익(SBS 프로듀서), 이정은(SBS 프로듀서), 이중대(Weber Shandwick 부사장), 이지훈(〈조선일보〉 위클리비즈 에디터), 이창우(코리안리재보험), 이화용(씨앤비솔루션 대표이사), 임승호(아뜰리에터닝/니더스 대표), 장우혁(엔자임 크리에이티브 본부장), 전

명헌(前 현대종합상사 대표), 전수경(머크 홍보팀장), 전해자(커뮤니케이션 퍼실리테이터), 정다정(다케다 제약 홍보팀 부장), 정윤의(〈한겨레〉 오피니언 넷부 차장), 정진홍(광주과학기술원 문화기술연구소장), 고(故) 정찬수 (前 민 컨설팅 본부장), 정희연(LG전자 홍보팀 차장), 차미영(카이스트 문화기술대학원 교수), David Chard(Engaging Mind 대표), 천명숙(서이초등학교 교사), 최영아(SBS 아나운서), 최혜림(SBS 아나운서), Robert Cialdini(Influence At Work 대표), Margaret Key(Burson-Marsteller, 아태지역 COO), Robert Pickard(Huntsworth Plc. 아태지역 회장), 한화주(前 오길비 헬스 차장), 함춘성(영화 제작자 겸 작가), Jerry Handin(Alliance PR 대표), 허주현(서강대학교 대학원), 홍승완(구본형 변화경영연구소 연구원), 홍여림, 황성혜(한국화이자 전무, 화가), 모두 감사드립니다.

책에 싣지 못했지만 원고를 읽고 그림으로 표현해달라는 제 부탁을 서민정 작가는 흔쾌히 들어주었습니다. 유민영 대표(Acase), 김봉수 대표(Peak15), Public Strategy Group 식구들, 김남종 대표(테라네트웍스), 이무열 대표(협동조합 살림), 김현민 대표(핑퐁아트) 등은 제가 '필드'에서 함께 일하면서 인사이트를 가질 수 있게 도움 주는 동료들입니다.

고(故) 구본형 소장은 삶에서 어떤 '필살기'를 갖고 살아야 할지에 대해 많은 자극을 주었습니다. 연구하고 생각하고 글을 쓰도록 격려해주시는 소설가 김탁환 작가와 정재승 교수(카이스트 바이오 및 뇌공학과)에게도 감사드립니다. 오랜 친구 이강희(보건복지부 서기관), 고전 독서를 가르쳐준 선생님인 정미진(쉐이크 연구소), HRD 전문가 진동철(두산정보통신 인사팀장), 홍새롬(MCM 인사부)은 원고를 미리 읽고 좋은 의견을 주었습니다.

"기업의 위기관리뿐 아니라 개인의 위기관리도 다루어보면 어떻겠습니까?" 이 책의 출발점이 된 질문을 던진 그분. 지금은 연락할 길이 없는 그분께도 감사드립니다. 또한 다양한 배드 뉴스를 놓고 저와 상의해주시고 함께 일해주신 더랩에이치의 고객 한 분 한 분께 감사 인사를 빠뜨릴 수 없습니다.

서바이벌 키트를 주제로 책을 만들자는 아이디어를 제시해주고, 만 삼 년이 넘는 기간 동안 참을성 있게 기다려주었으며 정기적으로 만나서 꼼꼼한 의견을 주고 격려해준 푸른숲의 김수진 부사장과 이은정 편집장, 백도라지 대리에게 진심으로 감사드립니다. 제겐 최고의 편집자들이자 컨설턴트였습니다.

집에서 원고를 쓰면서 글이 막힐 때마다 제 말동무가 되어주고, 맛있는 요리와 차를 만들어주며, 원고를 꼼꼼히 읽고 의견을 준 아내 은령에게 마지막으로 고맙다는 인사를 남깁니다. 직장에서도 편집장인데, 집에서도 편집장 역할을 요구해서 미안해!

2014년 12월 김호

주 석

1. "하버드大의 영원한 멘토 '트랙 도는 경주馬 아닌 야생馬로 살라'", 이신영, 조선일보, 2013. 3. 29.
2. 조앤 치티스터, 《무엇을 위해 아침에 일어나는가》, 한정은 옮김, 판미동, 2013.
3. "[알파레이디 북토크](3) 명지대 교수 김정운 '남자를 배우다'", 이고은, 경향신문, 2012. 3. 27.
4. "직장인 100명 중 3명은 억대… 평균은 2,960만 원", 머니투데이, 2013. 12. 27.
5. "신입사원이 임원 되는 비율 0.74%로 낮아져", 채성진, 조선일보, 2014. 11. 3.
6. "올해 초 퇴직 임원 평균연령 54.7세", 연합뉴스, 2010. 8. 31.; "국내 100대 기업 임원 재임기간 고작 4.4년", 김승룡, 디지털타임스, 2010. 8. 31.
7. "고위 임원의 퇴직증후군 부활과 고립의 기로", 안재형, 매일경제, 2011. 11. 28.
8. 말콤 글래드웰, 《아웃라이어》, 노정태 옮김, 김영사, 2009, 56쪽.
9. "축 늘어진 한때의 '독사' 상사… 후배들 惡감정도 사그라져", 김준, 조선일보, 2013. 9. 22.
10. 클레이튼 크리스텐슨 외, 《당신의 인생을 어떻게 평가할 것인가》, 이진원 옮김, 알에이치케이, 2012, 39쪽.
11. "Restaurant Boom Bodes Ill for Korea Economy", Alex Frangos & Kwanwoo Jun, The Wall Street Journal, 2013. 9. 14.
12. "'막장 드라마' 치킨집 전쟁…처남, 매형도 갈라놔", 김효실, 방준호, 한겨레, 2013. 10. 2.
13. 《은퇴가 없는 나라》를 쓴 김태유 교수는 25살 즈음 취업 뒤, 55살 즈음 은퇴하는 '25-55' 인생주기는 과거 산업사회의 유물일 뿐, 이를 과감하게 거부하고 25살 취업 뒤, 50살에 새로운 기회를 만들고, 75살에 은퇴하는 '25-50-75'의 인생주기를 개인의 노력과 국가 정책 차원에서 모두 추구하자고 제안한다.
14. 그녀는 이러한 내용을 기반으로 2007년 《One Person/Multiple Careers》라는 책을 출판했고, 슬래쉬 효과에 대한 내용은 뉴욕타임스, 월스트리트저널, 비즈니스위크, 헤럴드트리뷴 등 주요 언론에 의해 여러 번에 걸쳐 다루어졌다. 슬래시 효과를 실천하는 사람을 슬래셔(slasher)라고 부르기도 한다.
15. 이재익, 《나, 이재익 크리에이터》, 시공사, 2012.
16. 클레이튼 크리스텐슨 외, 《당신의 인생을 어떻게 평가할 것인가》, 이진원 옮

김, 알에이치케이, 2012, 42쪽.
17. Kunwoo Park, Ingmar Weber, and Meeyoung Cha, From Fitness Junkies to One-time Users: Determining Successful Adoptions of Fitness Applications on Twitter, Submitted.
18. 이러한 자기 결박 계약을 도와주는 사이트도 있다. 예일대 경제학과 교수인 딘 칼란의 아이디어로 시작하여, 예일대 경영대 교수인 베리 네일버프와 예일대 이언 에어즈 교수, 그리고 네일버프 교수의 학생이었던 조던 골드버그가 힘을 합쳐 만든 stick K(stickk.com)를 참고.
19. Gretchen Rubin, "What you do every day matters more than what you do once in a while", The Happiness Project http://www.happiness-project.com/
20. 리추얼을 만든다는 것은 결국 성공을 향한 습관을 만들거나 변화시킨다는 의미이다. 습관의 변화에 대해 자세하게 알고 싶다면 뉴욕타임스 탐사보도전문 기자인 찰스 두히그가 쓴《습관의 힘》(강주헌 옮김, 갤리온, 2012)을 참고해볼 만하다. 만약 책 읽을 시간이 없다면 저자가 조선일보(http://biz.chosun.com/site/data/html_dir/2012/11/16/2012111601436.html) 혹은 타임지와 인터뷰 한 내용(http://healthland.time.com/2012/03/02/mind-reading-qa-with-charles-duhigg-on-changing-your-habits/)을 참조.
21. 공간, 시간, 인맥 등의 정리에 대해서 알기 쉽게 이해하고 싶다면 윤선현 대표의 책《하루 15분 정리의 힘》을 읽어보시길!
22. "Lost in E-Mail, Tech Firms Face Self-Made Beast", Matt Richtel, New York Times, 2008. 6. 14.
23. 포모도로 테크닉은 프란시스코 시실로가 개발한 것으로 보다 자세한 사항이나 그의 책을 무료로 다운로드 받아 읽고 싶다면 http://www.pomodorotechnique.com/을 방문하면 된다.
24. "실천력을 3배 높이는 방법", 문요한, 문요한에너지플러스, 2013. 12. 11.(723호), https://www.facebook.com/EnergyPlusU
25. 체크리스트 양식은 앞서 이야기한 pomodorotechnique.com에서 다운로드 받을 수 있으며, 다양한 앱도 있다. 필자가 최근 활용한 앱은 wunderlist.com이다.
26. "'1회 컨설팅료 25만불의 사나이' 골드스미스 박사", 정철환, 조선일보, 2011. 2. 12.
27. Simon Reynolds, *Why People Fail*, Jossey-Bass, 2012, 140쪽.
28. "조용필 '노래는 쉬면 못해, 가수 생명은 연습'", 이한철, 데일리안, 2013. 05. 31.
29. 마셜 골드스미스,《일 잘하는 당신이 성공을 못하는 20가지 비밀》, 이내화 외

옮김, 리더스북, 2008, 33쪽.
30. Robin Dunbar, *How Many Friends Does One Person Need?: Dunbar's Number and Other Evolutionary Quirks*, Harvard University Press, 2010.
31. 이 논문은 발전하여 《Getting a job: A study of contacts and careers》 (Mark Granovetter, The University of Chicago Press, 1995) 라는 책으로 발표되었다.
32. 클레이튼 크리스텐슨 외, 《당신의 인생을 어떻게 평가할 것인가》, 이진원 옮김, 알에이치케이, 2012, 118쪽.
33. "호구의 재발견… '베푸는 자가 성공한다'", 장일현, 조선일보, 2013. 07. 19.
34. 로버트 엑설로드, 《협력의 진화》, 이경식 옮김, 시스테마, 2009.
35. 다니엘 핑크, 《파는 것이 인간이다》, 김명철 옮김, 청림출판, 296쪽, 원래 번역서에 "당신의 부모님 중 한 분의 어머니라면"이라는 구절을 인용하면서 "당신의 친할머니나 외할머니라면"으로 변경하였음.
36. 조지 베일런트, 《행복의 조건》, 이시형 옮김, 프론티어, 2010.
37. "싸이 콘서트 '3만명 말춤' 외국 취재진 몰려", 서정민, 한겨레, 2012. 8. 12.
38. 마셜 골드스미스, 《일 잘하는 당신이 성공을 못하는 20가지 비밀》, 이내화 외 옮김, 리더스북, 2008, 45쪽.
39. "생일날 혼자 술…양주병 든 채 떨어져", 김서현, 조선일보, 2010. 1. 28.
40. Steve Martin, Noah Goldstein, Robert B. Cialdini, *The Small Big: Small changes that spark big influence*, Grand Central Publishing, 2014.
41. Arnsten, A. "Stress signalling pathways that impair prefrontal cortex structure and function," Nature Reviews, Neuroscience(Vol. 10, June 2009), p. 411.
42. "현명한 솔로몬도 자기문제엔…'나' 대신 '그'로 거리 두기를 해라", 안도현, 동아비즈니스리뷰 157호, 2014. 7.
43. "우리가 '죽는 존재'임을 알면… 그 앞에선 지성과 명예, 재력도 無力할 뿐", 최보식, 조선일보, 2013. 12. 29.
44. 다니엘 핑크, 《파는 것이 인간이다》, 김명철 옮김, 청림출판, 153쪽.
45. 영화에서의 대사는 다음과 같다. "Everything will be all right in the end... if it's not all right then it's not yet the end."
46. 김정운, 《노는 만큼 성공한다》, 21세기북스, 2011, 229쪽.
47. 구본형, 《구본형의 마지막 편지》, 휴머니스트, 2013.
48. 강상중, 《살아야 하는 이유》, 사계절, 2012, 168~9쪽.
49. http://www.ted.com/talks/lang/ko/tom_wujec_build_a_tower.html
50. http://marshmallowchallenge.com
51. 엘리자베스 퀴블러 로스 외, 《인생 수업》, 류시화 옮김, 이레, 2006, 31쪽.

52. "한국인과 일", 조선일보, 2008. 05. 27.
53. 말콤 글래드웰, 《아웃라이어》, 노정태 옮김, 김영사, 2009, 56쪽.
54. "[윤대현 교수의 스트레스 클리닉] 매사에 의욕 없다는 42세 회사원", 윤대현, 중앙일보, 2014. 08. 27.
55. "[임정욱의 생각의 단편] 저녁이 있는 삶과 창의력", 임정욱, 한겨레, 2013. 11. 18.
56. 황성혜 개인전(2014. 10. 17~26, 샘터 갤러리) 안내장에서 발췌.
57. "우리나라 '워라밸' 수준은?…OECD국가들과 비교해보니", KBS 뉴스, 고영태, 2019. 10. 2
OECD, Better Life Index, http://www.oecdbetterlifeindex.org/
58. http://morgangiddings.com/life-2/living-at-zero-and-the-creative-pipeline/
59. "최고의 레스토랑 '엘불리' 문닫았다", 이정애, 한겨레, 2011. 7. 31.
60. 클레이튼 크리스텐슨 외, 《당신의 인생을 어떻게 평가할 것인가》, 이진원 옮김, 알에이치코리아, 2012, 277쪽.
61. "면접 보는 당신, 정답은 없지만 오답은 있다", 이혜운, 조선일보, 2014. 10. 28.
62. "치타의 치명적 무기는 빠른 속도 아닌 급감속", 조홍섭, 한겨레, 2013. 6. 13.
63. "당신에게 남은 시간",삼성생명, 2014. 10. 31.,http://www.youtube.com/watch?v=I0e-7qRBuj0

쿨(Cool)하게 생존하라

첫판 1쇄 펴낸날 2014년 12월 8일
8쇄 펴낸날 2022년 5월 25일

지은이 김호
발행인 김혜경
편집인 김수진
편집기획 김교석 조한나 김단희 유승연 임지원 곽세라 전하연
디자인 한승연 성윤정
경영지원국 안정숙
마케팅 문창운 백윤진 박희원
회계 임옥희 양여진 김주연

펴낸곳 (주)도서출판 푸른숲
출판등록 2003년 12월 17일 제2003-000032호
주소 경기도 파주시 심학산로 10(서패동) 3층, 우편번호 10881
전화 031)955-9005(마케팅부), 031)955-9010(편집부)
팩스 031)955-9015(마케팅부), 031)955-9017(편집부)
홈페이지 www.prunsoop.co.kr
페이스북 www.facebook.com/prunsoop 인스타그램 @prunsoop

ISBN 979-11-5675-528-9(03320)